山﨑武司

40代からの
退化させない肉体　進化する精神

講談社+α《プラスアルファ》新書

はじめに

自分にとって本当にやりたいものとは何か？　分かりやすく言えば「天職」とも表現できるでしょうが、それを見定め、生涯の職業とできる人間はごくわずかです。

一流大学に入りたい。そのような目標は誰でも抱いていることでしょう。ただ、その先に何を見据えているのか？　大企業に就職する、高級官僚になる。そう言えば体裁はいいかもしれませんが、僕から言わせていただくと漠然とした目標以外の何ものでもありません。

実際に設定した目標通りの職業に就くことができれば、人生としては成功したことになるかもしれない。親は喜び、周囲にも自慢ができる。

でも、それがゴールではありません。

社会人になってから自分は何を目指し、実現させるためにどのような研鑽《けんさん》を積んでいかなければならないのかが重要なのです。

みなさんご存じの通り、僕はこれまで野球一筋の人生を送ってきました。自分にとってプロ野球選手とは天職であることは間違いなかったでしょう。

本音を言えば、一八歳でプロの世界に入った当初は、二七年も現役選手としてプレーできるとは思ってもみませんでした。ただ、この想いだけは終始一貫していました。

「俺は、絶対にプロで一流になってやる。一億円プレーヤーになってやる！」

ただ、若手時代は自分のセンスに頼っていた部分が大きかったのも事実。

しかも僕は、自分勝手でもありました。納得がいかない。信念を反故《ほご》にされるような物事にぶち当たれば上司であろうと組織であろうと怯《ひる》まず自己主張をしました。その結果、一度のトレードに二度の戦力外という憂き目に遭うことになったのです。

自分のプロ野球人生を振り返ってみれば、「好き勝手やってきたな」と自嘲してしまうくらいです。それでも、「プロは結果が全て。一年、一年が勝負だ」と自分に言い聞かせながらプレーしてきました。相当なやんちゃをやってきた僕ではありますが、背景には、年を重ねるにつれて「変わらなければならない」という意識が芽生えたこともあります。

プロ野球選手は四〇歳近くになると引き際が近づいてきます。僕自身、四〇を前にした時には引退を考えることも一度や二度ではありませんでしたが、その時々で監督の教えや後輩たちへの指導、もちろん自分自身とも向き合いながら、常に「どうありたいのか？」と自分の在り方を模索してきた。その結果、四〇代半ばまで、二七年もの現役生活を続けられたのだと思っています。

ビジネスマンの方々に置きかえれば、四〇代から五〇代へ向かうあたりに、野球選手の「四〇歳」のような壁があるのではないでしょうか。

僕はプロ野球という狭い世界でしか生きたことがない人間であるため、ビジネスマンの方々に上から目線で「こうしなさい」と伝えることなどできません。むしろ、「自分の生き方なんて真似てほしくない」とすら感じています。

ですが、結果至上主義の厳しい世界で二七年間もプロでいられた経験には、少しくらいはビジネスマンの役に立つ要素があるかもしれない。そう考え、今回、筆を執りました。

壁にぶち当たったら乗り越えられる術《すべ》を知りたい、上司として組織を円滑に機能させたい……等のことをいつも考え、自分の仕事にプライドを持ち、日々の精進を怠らない人たちには負けてほしくない。人生の可能性は無限に広がっているのです。

山﨑武司《やまさきたけし》

◉目次

第二章　後進の指導ほど難しい仕事はない

第三章　プライドをとるか、スキルをとるか

第一章　組織を理解する、自分を受け容れる

上司が変われば何が変わるか

二〇一三年、僕が〇五年から一一年までの七年間、在籍していた東北楽天ゴールデンイーグルスが、球団創設九年目にして初の日本一に輝きました。

僕自身、楽天、ひいては仙台、東北にひとかたならぬ愛着があったため、チームの一員として歓喜の輪に加われなかったことに残念な気持ちもありましたが、それ以上に後輩たちが日本一という明確な結果を手にしてくれたことに大きな喜びを感じました。

優勝の原動力。それを聞かれれば、ペナントレースで二四連勝と次元を超越した結果を残した絶対的エースの田中将大《まさひろ》の活躍はもちろんのこと、日本プロ野球選手会の会長を務めるキャッチャーの嶋基宏《しまもとひろ》の存在感があってこそ。

さらに僕が感じたのは、若手の台頭でした。

シーズン途中から不動の一番バッターに定着した岡島豪郎《たけろう》に打率三割をマークした銀次。新人ながら一五勝をマークした則本昂大《のりもとたかひろ》など、二〇代前半の選手たちが躍動したこともチームに勢いをもたらしたのです。

彼らの活躍に思うことがあります。それは、「上司が変われば環境も変わる」ということ。これは、一般社会でも言われていることでしょうが、一三年の楽天はそれが顕著に表れたと断言できるでしょう。それは、紛れもなく星野仙一監督の手腕です。

僕は二七年の現役生活で、代行を含めれば九人もの監督に仕えてきました。なかでも星野監督とは最も長く、一二年もの付き合いがあります。だからこそ、僕は星野監督のやり方が身に染みているのです。

一般的に星野監督といえば、相手に闘志むき出しで向かっていく姿勢から「闘将」と呼ばれていますが、指導者としての星野監督は何より「血の入れ替え」を好みます。

中日ドラゴンズの監督に初めて就任した八六年のオフにはロッテオリオンズ（現千葉ロッテマリーンズ）の三冠王・落合博満《ひろみつ》さんをトレードで獲得。阪神タイガース監督時代の〇三年には約二〇人もの選手を解雇し、金本知憲《ともあき》や伊良部《いらぶ》秀輝《ひでき》、下柳《しもやなぎ》剛《つよし》といった経験豊富な選手を獲得して活性化を図り、チームを一八年ぶりのリーグ優勝に導きました。

一一年に楽天の監督に就任してからも同じで、メジャーリーグから日本球界への復帰を表明した松井稼頭央《かずお》と岩村明憲《あきのり》を獲得するなど積極的な補強をしました。そこには、いつも星野監督の思いが込められていたのです。

「松井、岩村を獲得したといってもまだまだ足りないんだよ」

こう言うかのように星野監督にとって補強とは、チーム強化以上に内なる競争を意味します。実績豊富な選手がチームに加わることで既存の選手がどう奮起するか？　監督はそれを最も望んでいます。

結果を出せる選手が増えればよし、そうでない者は容赦なく切り捨てる。一〇年まで四番バッターを務めていた僕をはじめ、一三年には高須洋介も戦力外になるなど、今では創設メンバーが小山伸一郎、中島《なかしま》俊哉、牧田《まきだ》明久の三人しかいません。中堅、ベテランであっても容赦はしない。組織を強くするためには、時に非情な決断をしなければならないことを星野監督は理解している。だからこそ、新陳代謝が円滑に行われ強いチームが生まれるわけです。

上司の性格を把握するには

上司が変われば組織の環境も変わる。それは当然、上司の性格にも左右されます。

最近ではプロ野球界でもかつてのように頭ごなしに厳しく接する指導者は減ってきています。僕自身、かつては後輩を強い言葉で説教することもあった関係上、つくづく感じていましたが、物事を合理的に考えるようになった現代の若者に対して頭ごなしに指導するのは逆効果。だからこそ、上に立つ人間も後輩の性格を見極めて接していかなければならないのです。

とはいっても、部下は上司の配慮に甘えてはいけません。監督が選手を理解しようと努めているのであれば、その姿勢を重んじ、自分たちも監督の性格を把握してついていかなければならないのです。

僕にとってそれを痛感させられたのが、〇六年に野村克也監督と出会ってからでした。

野村監督は、データを駆使した「ＩＤ野球」の生みの親として知られているだけに、とことん細かい。それ以上に、人としての在り方を切に唱える方でした。

監督就任一年目の春季キャンプでのこと。ユニフォームのズボンの裾を伸ばしてはいていた僕を見た野村監督は、マスコミを通じてこのように批判しました。

「山﨑のズボンの裾、あれは長いな。怪我をしたら罰金を取ろうか」

このコメントをスポーツ新聞で見た僕は、「もうダメかな？　一年でクビを切られるわ」と自暴自棄《じぼうじき》になりかけ、野村監督とまともに会話をしようとしませんでした。しかし、シーズンが始まりしばらくすると野村監督はおもむろにこう話しかけてきたのです。

「お前は俺と同じ匂いがする。周りの人間から勘違いされやすいだろう。人は見た目で判断するから、悪い印象を与えないように、普段から自分の振る舞いに気を配りなさい」

自分がどれだけ狭い視野で人を見ていたのかを思い知らされました。野村監督もまた、星野監督同様、選手の性質を理解して接してくれていたのです。

それは試合中でもはっきりと表れていました。

僕は、「三振なんてしたくない」と思いながら打席に立っていたのですが、野村監督は「大いに三振しろ」と言い続けたのです。

「三振を怖がるあまり消極的なバッティングになって三振になったら、それこそ悔いが残るだろう。普段からやることをやっているのなら思い切りバットを振ってこい。三振したら『ヤマが外れた』と思えばいいじゃないか」

野村監督の次に監督となったマーティー・ブラウンもそういった考えの持ち主でしたが、ふたりによって、三振を恐れることなく打席に立つことができるようになりました。

僕は通算四〇三本のホームランのうち、約半分の一九一本を楽天での七年間で記録しました。現役生活のおよそ四分の一、しかも晩年に、です。それを実現させてくれたのが監督たちであり、彼らの想い、性格を把握しようと努めた自分がいたからだと思っています。

同じ立場のライバルとの接し方

若手時代からの実績が評価され海外の事業所などに栄転し、数年して満を持して本社に凱《がい》旋《せん》してきた。でも、会社では自分と同世代の管理職が明確な立ち位置を築いており、部下たちからも慕われている。

「俺の居場所はあるんだろうか?」「俺だって経験を積んできたんだからあいつには絶対に負けない」。人によっては様々な感情を抱くことでしょう。

そんな場合、僕はムキになって張り合わず、新たな地位を築いた管理者との共存をお勧めします。

プロ野球の世界は弱肉強食。二〇一四年にポスティングシステムを利用しニューヨーク・ヤンキースと七年約一六〇億円もの大型契約で移籍した田中将大のように、若くても結果を出せば富と名声を得られますし、過去に実績を残したベテランでも僕のように結果を残せなければ戦力外通告を受けます。

そのせいか、野球界には「他人を蹴落としてでも」といった風潮が少なからずあります。僕はそう思ったことがありません。

若手時代から「誰にも負けたくない」と思いながらプレーしてきましたが、先輩や監督、コーチに媚《こ》びへつらうような態度をとらずとも、実力だけで勝てると自信をもっていました。僕から言わせれば、「他人を蹴落としてでも」と思う時点で自分に自信がない証拠。だから、手練手管を用いて相手を貶《おとし》めようとするのではないでしょうか？

僕は〇四年にオリックスを戦力外となりましたが、翌年に楽天に移籍してからは、田尾安志さんや野村克也さんといった指導者のお蔭もあって選手として成長することができ、いつしか球団や選手からも「山﨑、何とかしてくれよ」と頼られる存在となりました。周りからは「精神的支柱」などと評価をいただきましたが、自分ではリーダーと思っていなくても周りから期待されれば責任感が芽生え、今まで以上に頑張れる。ベテランのメンタルとはそういうものなのです。

だからこそ、僕は年下であってもベテランと呼ばれる人間の言動を尊重します。

一二年に古巣の中日に戻った際、僕がリーダーとしてチームを牽引せずとも全体が機能する環境が整っていました。

二歳年下の谷繁元信《たにしげもとのぶ》と四歳年下の和田一浩《かずひろ》。

彼らは、楽天時代の僕と同じように他球団から中日に移籍し、実力で確固たる地位を築いた選手でした。ただ先輩風を吹かせたいのなら、「お前ら調子に乗るなよ！」と恫喝《どうかつ》でもすればふたりだって「分かりました」と言うことを聞くでしょう。

ただ、それはあくまでも表面上のことだけで、「なんだあいつは」と彼らだって内心では不信感を抱くことは間違いありません。だから、というわけではありませんが、僕は谷繁と和田に対してそんな行為は一切しませんでした。むしろ、ＦＡで移籍しチームから大いに期待されながら、そのプレッシャーに打ち勝ち、新天地でも実績を積み重ねたことに大いなる敬意を表していたくらいです。

ふたりは僕に気を遣ってくれました。

谷繁は武骨な男だから表立って態度に示すことはありませんでしたが、僕が試合で激走を見せたときには「山﨑さん、足遅い!!」とからかうなど溶け込みやすい雰囲気を作ってくれた。和田は、何かあれば「山﨑さん、どうですかね？」と意見を求めてくれたりと、とにかく「新参者」の僕を立ててくれたのです。引退するまでの二年間で食事には一度しか行かなかったように、仲がとりたてて良かったかといえばそうではありません。ただ、同じベテランとして組織の調和をそれぞれ理解し、行動に移してくれた。谷繁と和田を見ていて、ベテランの正しい在り方を僕は痛感しました。

谷繁に関しては、一四年からプレーイングマネージャーという難しい役職を与えられます。ただ、前向きに考えれば、管理職として球団役員たちにはっきりと自分の意思を伝えることができるようになったわけです。

他球団にも「選手兼任コーチ」は存在しますが、彼らの利点は「コーチ」という肩書がつくことで選手の指導や首脳陣への進言にも説得力が生まれてくること。谷繁にしても、せっかく球団から選手兼任監督という立ち位置をいただいたわけですから、その権限を有効活用してもらいたい。

和田はプレーヤーに専念している身ではありますが、現場との仲介役を買って出るなど谷繁を大いにサポートしてほしいものです。

選手たちがのびのびとプレーできる環境を作れるのは首脳陣でも球団幹部でもありません。同じ思いを共有した経験豊富な現場の管理職であるベテランたちなのです。

サポート役の目的意識

一般社会では、年齢を重ねれば重ねるほど企業にとって大切な役割を任されることが多いかと思います。

ですが、プロ野球の世界は真逆。実績を残していれば三〇代の半ばまではレギュラーとしてチームから重宝されますが、三五歳を過ぎればほとんどの選手がレギュラーから外され控えに回ります。僕自身がそうでした。

楽天に移籍した〇五年。三六歳だった僕はシーズン前に監督の田尾安志さんからこう告げられました。

「お前を代打の切り札として考えているから頼むな」

僕は、「ええ！　嘘でしょ」と心のなかで叫びました。前年に伊原春樹監督との衝突もありオリックス・ブルーウェーブ（現オリックス・バファローズ）を戦力外になった身とはいえ、自分では「まだまだ主力としてホームランを量産できる」と自信を持っていました。

でも、現実は代打。前の年は四本しかホームランを打っていなかったため、指揮官が代打という構想を描くのも理解できる。だからこそ、僕は気持ちを切り替えました。

「こうなったら、代打でいいパフォーマンスを見せるしか俺の生きる道はない」

よく、「代打から這い上がる」といった考えを持つ元レギュラーの中堅、ベテランがいますが、「スタメン出場を見据えて」といった中途半端な気持ちではずっと代打で終わる。だからこそ、僕は「代打を極めてやる」と自分に言い聞かせたのです。

代打は失敗が許されません。一試合四打席以上も打席に立てるレギュラーと違い、代打は一打席で結果を出さなければなりません。そうなると、スタメンとしての意識ではなく、代打としての心構えから再度、自分のモチベーションを形成していくわけですが、これがプライドだけが高くなるベテランには相当きつい作業なのです。

ウォーミングアップをしっかりと行うことから始まり、試合では体が固くならないよう常に準備をする。そして、戦況を逐一チェックしながら自分の出番を想定して集中力を高めていく。言葉で表現すると簡単に思えますが、代打稼業としての矜持《きょうじ》を持たなければ一四〇試合以上、このような精神状態で仕事に臨むことは難しい。

それなりに実績を積んできたベテランにもなれば、自分の立ち位置は周りが勝手に作ってくれるかもしれません。ただ、過去を引きずり「現在地」を曖昧にしてしまっては進歩がありません。だから僕は、楽天での初年度の自分を「クビ一歩手前の代打」と認識し、新たな立場を築くべく精進に励んだのです。

「チームに俺が必要であることを思い知らせてやる」といった信念を崩すことなく黙々と代打の仕事をこなした結果、開幕から一七打数六安打の打率三割五分三厘。前半戦が終わる頃にはスタメンに復帰し、四番に定着することができました。

これまで築き上げてきた実績もあるしプライドだって高くなる。でも、プロとして生き残るためには、代打のようなサポート役に転じなければならない時期もやってきます。そういう立場に回された際、いかに目的意識を持って責務を果たしていけるかが重要なのです。

「代えがきく立場」の心構え

パ・リーグには、ＤＨ（指名打者）という特別な制度が設けられています。簡単に説明すれば、守備に就かず打つことだけを任されるポジションです。

役割がひとつに絞られるわけですから、バッティングで結果を出さなければレギュラーから外されます。周囲からすれば「打つだけだから簡単だ」と思われるかもしれませんが、経験者の僕から言わせていただくと、これほど難しい仕事はありません。

全体練習でウォーミングアップをしてからバッティングや守備、走塁などこなし、十分に体を温めてから試合を迎えるのが一般的なレギュラーだとすれば、ＤＨは試合に入ると打席以外では出塁しない限りほとんど体を動かすことはありません。そうなると、必然的にほぐれたはずの体も徐々に固まってきますから急に動くことができなくなります。

守備に就くと試合のリズムを肌で感じられる。緊張状態を保つことができるため、できれば、自分だって守備に就きたい。セ・パ交流戦などでDH制のないセ・リーグ主催のゲームになればファーストを守ることもありましたが、もっぱらDHが本業でした。

DHやファーストというポジションは、外国人や僕のようなベテランの長距離砲が任されることが多いため、流動的というか絶対的なレギュラーが確立されない役割であることも事実。要するに、「代えがきくポジション」なのです。

どのチームも毎年のように、ファーストも守れるDH要員として外国人選手を獲得してきます。僕が楽天に在籍していた七年間もそうでした。ホセ・フェルナンデス、フェルナンド・セギノール、ランディ・ルイーズ……。飛距離が自慢の選手が入団するたびに、僕は己を奮い立たせました。

「楽天のDHは代えがきくポジションじゃない。俺じゃないと務まらないんだ」

そのための準備だって怠りませんでした。試合前の練習ではフリーバッティングの時間は限られていますから、その分、ティーバッティングを他の選手よりも数多くこなして体をならしておく。まだ寒い四月などは、少しでも体を温めておくようにユニフォームのままサウナに入って試合を迎える日も少なくありませんでした。試合中でもじっとベンチに座っているだけではなく若い選手に声をかけ戦況を説明し、自分の打席が近くなると感じればベンチ裏でバットスイングを入念に行う。小さなことかもしれませんが、このような準備を続けたことによって七年間、一度もＤＨのポジションを奪われることはありませんでした。これは、引退した今でも誇りに思っています。

野球とは打って、守れて、走れることで一人前と言われます。ですが、僕はＤＨ制度があったからこそ現役生活を長く続けられました。

代えがききやすいポジションだからこそ負けない意志を持ち続ける。実力社会ではこのような考えも時には必要なのです。

借りは必ず返す決意

一三年の日本シリーズでは、戦前、読売ジャイアンツ（巨人）の「圧倒的有利」と囁《ささや》かれていましたが、対戦成績四勝三敗で楽天が悲願の日本一を達成することができました。

勝利の要因を挙げるとすればエースの田中将大の力投など数多くありますが、僕が勝手に評論させていただくとすれば、楽天は過去の敗戦の経験を見事に生かしてくれたのだと思いました。

その四年前の〇九年、クライマックスシリーズ（ＣＳ）第二ステージでの敗戦――。

野球ファンならご存じの通り、〇五年に五〇年ぶりの新球団として誕生した楽天の船出は厳しいものでした。前年の球界再編で合併したオリックスと近鉄バファローズによる分配ドラフトで漏れた選手たちが中心メンバーだったことからも分かるように、当時の楽天はいわば「寄せ集め集団」。一年目に三八勝九七敗一分と大差の最下位となるのも当然。とても相手チームと互角に渡り合える戦力ではありませんでした。

〇六年以降も最下位、四位、五位と低迷を続けていましたが、野村監督の「ＩＤ野球」がチームに浸透。田中や嶋など若手の有望株が入団してきたこともあって徐々に戦える集団となりました。その結果、〇九年には球団初のＡクラスとなる二位に躍進したのです。

ＣＳ第一ステージでも福岡ソフトバンクホークスを連勝で退け、北海道日本ハムファイターズとの第二ステージへ。この時のチームは乗りに乗っていました。一位の日本ハムだろうと五分以上で渡り合える。しかも、相手の絶対エース・ダルビッシュ有は故障によりＣＳでの登板を回避していたのです。「勝てる。初めて日本シリーズで戦える」。だれもがそう信じて疑いませんでした。

慢心はなかった。でも、やはり勝負の世界は甘くはなかった。

初戦。九回表が終了した時点で八対四。常識の範囲内ならば勝利は十分に射程圏内でした。しかし、大舞台を経験している人間が限りなく少ない楽天は完全に浮足立っていたのです。中継ぎ陣が打たれる、ストライクが全く入らない。そして、抑えの福盛《ふくもり》和男がファイターズの主砲ターメル・スレッジに逆転満塁サヨナラホームランを打たれて敗戦。そのショックから立ち直れないまま第二ステージは一勝四敗で敗れ、日本シリーズ進出の夢は幻と消えました。

あれほど達成感に満ち、あれほど悔しくて涙を流したシーズンはありませんでした。それは僕のみならずチーム全員が共有していたこと。思えば、あの屈辱の敗戦から楽天は一層、ひとつにまとまったのだと感じます。

翌年以降、多くの選手がシーズン前に「目標は優勝です」と宣言するようになった。CSでの敗戦から成長し、首脳陣を筆頭に選手、スタッフまで楽天イーグルス全員が、優勝という大いなる目標へと足並みを揃えることができるようになったのです。

できれば、東日本大震災があった一一年に日本一になれれば劇的だったことでしょう。しかし、一一年は五位に沈んでしまいました。それでも彼らは〇九年、そして一一年の屈辱をバネに這い上がり、一三年の日本一へと繋げてくれました。

失敗した借りはすぐに返さなくてもいい。ただ、その経験を糧とし、大願成就に向かって突き進めばいつか必ず思いが実を結ぶ日がやってくる。楽天の選手たちがそれを証明してくれたのです。

薄れても忘れてはいけない想い

二〇一一年は、楽天にとって生涯忘れられない一年となりました。

三月一一日に起きた東日本大震災——。岩手県、宮城県、福島県などの沿岸部を大津波が襲い甚大な被害を受けました。特に宮城県は楽天がホームタウンとしている仙台がある地。震災当時、一軍は関西、二軍は関東でオープン戦をしていたため被害に遭いませんでしたが、それでも応援してくれる地元ファンの多くが家を失い、家族までも亡くしてしまったのです。

自分たち選手はというと、交通機関が寸断されていたことなどから一ヵ月近くも仙台に戻ることができませんでした。「今さら何しに来た」。そのような文句も甘んじて受け入れよう……。

ところが、四月七日に被災地を訪問すると地域の体育館や公民館などで避難生活を強いられていた人たちが大喜びで僕たちを迎え入れてくれたのです。

「来てくれてありがとう。今年は優勝してね」。そのような温かい言葉を被災者からいただきました。活力を与えるつもりが、逆に自分たちが勇気を貰った。

「これはもう、絶対に被災者の期待に応えなければダメだ。今年は誰かのためではなく、東北のために戦おう。優勝しよう」

チームは一丸となりました。しかしながら、人間の感情というものは実に不思議なものです。あれだけ、「東北のみんなのために頑張ろう」と一致団結して臨んだシーズンだったはずなのに、負けが込むと下を向く。三振するとうなだれる。

「負けが何だ。三振が何だ。被災した人に比べれば大したことないじゃないか」

いつしかそのような想いも希薄となり、被災者のためではなく自分としか向き合わなくなってくる。優勝を目指していたはずが、気がつけば三位争いへと目標が変わり、九月に入るとその可能性も絶望的に。結局、五位でシーズンを終えてしまいました。

自分もそうでしたが、楽天の選手たちの精神状態は平常ではなかった一年でした。

「優勝しなければならない」という想いが半ば強迫観念となり、「被災者のために」と思えば思うほど自分を苦しめる。遂にはファンではなく自分しか見えなくなってしまったのだと、今ではそう冷静に分析できます。

この一年で学んだこと。ひとつ大きなところを挙げるとすれば、それは「忘れないこと」

でした。

一一年は結果を残せなかった。でも、「東北のために優勝する」と声に出し、ただ勝利を目指してひたむきにプレーすることが大事なのです。ひとつでも多くの勝利を東北へ——。山崎が打った、田中が勝った……。一日、一日、そんな喜びを数多く届けたい。

一三年の日本シリーズでは、本拠地であるクリネックススタジアム宮城（当時）のみならず、球場外の陸上競技場まで人で溢れかえり、日本一の瞬間には東北が涙しました。

震災からの復興を合言葉に、楽天も東北も、一日たりとも優勝を諦めなかった結果が、一三年の日本一へと結実したのです。

人間は弱い生き物です。辛い現実に直面する。野球に例えれば、「優勝は無理だからせめて給料を少しでも上げるために個人成績だけでも良くしたい」と自分本位になることだってあるし、そのこと自体は否定しません。

ですが、いかなる状況でも、ひとりでも多くの人間が「いい組織にしたい」「優勝したい」と思わなければそれを実現することは不可能なのです。集団のトップに立つ人間が「右を向け」と号令をかけたなら右を向く。楽天は、一一年に苦い経験をしたからこそ、その教訓を一三年に生かすことができたのです。

文句を言うならクビ覚悟で

中小企業でも大企業でも、もっといえば公務員社会においても、大きな目標へ向かって一枚岩となれる組織は強い。それは誰だって感じていることでしょう。

しかし、現実は違います。

トップの人間が「右向け！」と言えば大半の部下は右を向く。それでも、二割か三割は必ず左を向き、上や下を向くものです。

プロ野球の世界では一二球団全てが優勝を目標に掲げるわけですが、なかには起用法や年俸などの待遇などで納得できず、監督やコーチ、もっと言えば球団そのものに不信感を抱く選手は出てくるものです。

実際、僕がそうでした。

優勝はしたい。でも、自分ではやれる自信があるのにレギュラーを剝奪《はくだつ》される。試合に出してもらえない。そのような現状に嫌気がさし、中日時代の〇二年に山田久志監督、オリックス時代の〇四年には伊原監督と衝突しました。

自分に納得がいかなかったらとことん文句を言う。チームメートや親しい人間に愚痴だってこぼすし開き直ることだってあります。これだけなら、ただの陰湿な人間に思われることでしょう。しかし、これらは全て信念に基づいてやってきました。

「球団や監督、コーチに楯突《たてつ》く以上、俺はクビになっても構わない」

レギュラーとして試合に出たいし球団に居続けたい。でも、文句があれば言いたい。そんな都合のいい話などありません。自分勝手にもほどがある。大いなる目標のためにトップが「右を向け」と言っている以上は従わなければなりません。そうしたくなくても我慢する。我慢できなければ辞めればいい。僕は、後輩たちに常々こう言ってきました。

「お前が気に入らなかったら監督やコーチに文句を言ってもいいぞ。でも、これだけは言っておくからな。文句を言う時は辞める覚悟を持てよ。もしくは、干されて試合に出られなくなっても愚痴をこぼすなよ。そうする度胸がないなら文句を言うな。試合に出られる保証があるなら黙って上の人間の言うことを聞け」

文句を言うのは簡単ですが、組織に属している以上、自分の言動には責任を持たなければなりません。感情的になったら後で素直に謝るのもよし、それすらしたくなければ組織を去るべき。僕自身、そのような生き方を続けてきましたから、野球関係者以外の方からも「いい加減、大人になれよ」と幾度となく叱責《しっせき》を受けてきました。

それでも僕は、「嫌です」と否定し続けました。自分のポリシーを変えてまで気に入らない組織にはいたくない。二度も戦力外通告を受けたのにもかかわらず、二十七年も現役生活を送れたのが不思議なくらいです。

仕事の目的

正社員であれば当然。アルバイト生活のフリーターでもいえることですが、働くということはお金を稼ぐことです。会社から給料が支払われる以上、仕事に従事するのは絶対的な義務でもあります。

それなのに、支払われる側はそれを忘れがちではありませんか？

月に決まった給料が貰える。だから、最低限の仕事さえすれば十分。残りの勤務時間は会社のパソコンを使ってインターネットで趣味の調べものをする。もっと言えば、少し体調が悪いからといって平気で休む。有給休暇を消化するのであれば問題ないのかもしれませんが、そういった考えは僕にはあまり理解できません。

野球選手にとって、仕事を放棄することは命取りとなります。

楽天時代、野村監督はミーティングでよくくぎを刺していました。

「このなかにも一億円以上の年俸を貰っている人間はいるだろう。それだけの給料を球団から支払われている理由が分かるか？　結果を出したから。確かにそう。でも、それだけじゃない。高い給料を貰えば貰うほど試合に出る義務がある。お金を払って試合を見に来てくれている人に、一回から九回まで最高のプレーを見せる努力をしなければならない。それなのに、あそこが痛い、違和感があるで休むという人間が多いのはどうしてだ？　俺からすれば、そんなもの職場放棄以外の何ものでもない」

ファンやマスコミは、高年俸の選手であればあるほど、活躍できなかったり試合を休んだりすれば容赦なく叩きます。

しかもプロ野球は実力社会。いくら高い給料を稼いでいたとしても、試合を休んでばかりいては他の選手にポジションを奪われます。現在では複数年契約を結ぶ選手が多いため、仕事を休んでも数億円という年俸を手にする選手もいますが、そんなことを続けていては選手としての価値は下がる一方。「不良債権」などと周囲から揶揄《やゆ》され、いつしか球団からも見放されるのが落ちです。

僕は上司に悪態もつきますが、高い給料を貰っているプライドもあるし、何より試合に出たいと思っていました。レギュラーになって以降、手っ取り早く高い給料を稼ぐのは試合に出続けることであり結果を残すこと。そうすれば、若手や外国人選手のチャンスを摘《つ》むことができる。あまりきれいな表現ではないかもしれませんが、お金を稼ぐということはそれだけ泥臭く、時に狡猾《こうかつ》な意識を持たなければならないのです。

お金に貪欲になる

アベノミクスで景気が回復傾向にあるとはいっても、個人レベルで見ると全体的に収入が増えているかといえばそうとも言い切れないと聞きます。

数年前から囁《ささや》かれていることではありますが、不景気のせいか、「高額所得者は悪者」とみなされる風潮があるのが残念でなりません。僕はプロ野球という夢を与える仕事をしてきたからかもしれませんが、「なんでみんなお金に対してもっと貪欲《どんよく》にならないのだろう」と疑問に思っているくらいです。

僕は、中学時代からどこまでもお金に貪欲でした。

「俺はプロ野球選手になって一億円プレーヤーになる！」

野球部では一本もホームランを打ったことがなかった自分がそんな大言壮語を放つものだから、同級生たちは心のなかで大笑いしたことでしょう。でも僕は、実際に一億円プレーヤーになりました。

初めて一軍に定着した九五年に一六本のホームランを記録し、オフの契約更改交渉で三〇〇〇万円を手にした際にも「これでようやくプロとしてやっていける」と手応えを摑みましたが、翌年にホームラン王となり球団から一億二〇〇〇万円を提示された際には度肝を抜かれたものです。

そこで満足したわけではありません。一億円を稼いだのなら次は一億五〇〇〇万、二億……。稼げるならいくらでも稼いでやろう。そう決意しました。

プロ野球選手としての価値が最も形となって表れるのが年俸。だからこそ、最後までそこにこだわり続けました。

オリックスを戦力外となり、楽天に拾ってもらった〇四年のオフ。球団から三〇〇〇万円を提示された僕ははっきりとこう言いました。

「五〇〇〇万円以下なら僕を受け入れなくて結構です」

クビになった自分を拾ってくれる組織がある。人は「それだけでも十分じゃないか」と言いますが、僕からすれば違う。今まで実績を残してきたプライドと、これからもまだまだ飛躍を遂げられる自信があるからこそ、自分の商品価値を低くしたくなかったのです。

幸運にも楽天は僕の意向を受け入れてくれました。〇六年には八〇〇〇万円。二度目のホームラン王となった翌年には一億九二〇〇万円。そして、一〇年には二億五〇〇〇万円の二年契約を結んでいただきました。

結果を出すことで高年俸を勝ち取ることができた。よく、「お金は後からついてくるもの」と言われますが、大金を稼ぐチャンスはいくらでもあるわけではないし、そのチャンスはいつ訪れるか分かりません。人間味がない、と非難されればそれまでですが、手にできるものは手にしなければ意味がない。仕事にもお金にも貪欲であり続けなければ、成果など生まれません。

コストカットのリスク

景気が回復傾向になり、春闘で自動車や家電業界の組合が賃金のベースアップを勝ち取ったといっても、他の業種では給料をカットされるなど全体で見ればまだまだ厳しい現実が続きます。

プロ野球のような実力社会であればなおさらのこと。

一二球団のなかには巨人など資金面で潤《うるお》っているチームもありますが、全体的にお金があるかといえばそうではありません。実際、球団運営に苦しんでいる球団だってあります。そのため、シーズンオフに行われる契約更改交渉では、活躍できなかった選手は非情なまでの減俸を強いられるわけです。

その傾向がはっきりと表れていたのが二〇一三年の中日でした。スポーツ紙で連日のように〝厳冬更改〟といった見出しが躍ったことからもお分かりのように、新たにGMに就任した落合博満さんの陣頭指揮のもと、合計約八億円ものコストカットに踏み切りました。

野球協約では、「年俸一億円を超える選手は最大四〇パーセント、一億円未満の選手は最大二五パーセントまで」が減額制限として設けられているわけですが、そのラインぎりぎりまで減俸される選手が軒並み出たわけです。

一三年の中日は一二年ぶりにBクラスとなる四位と成績が振るわなかった。個人に目を向けてもレギュラーで打率が三割を超える者はいなかったし、一〇勝をマークした投手も大野雄大《ゆうだい》ひとりだけと、散々な結果に終わった。だから、給料を下げられるのは当然——。

理屈は分かります。しかし、僕としてはどうしても「闇雲に給料を下げただけ」としか思えません。

減額制限いっぱいの四〇パーセントのダウンを受けたエースの吉見一起《かずき》は、右ひじを手術したため一年間、戦力として機能しなかったことから理解できます。主力の荒木雅博にしても近年は数字が落ち気味だったにもかかわらず年俸の下げ幅がそれほど大きくなかったことから、今回の措置は頷《うなず》けます。

全員が誰もが納得できる理由で大幅ダウンを強いられるのなら僕も苦言を呈することはありませんが、選手の契約更改のリストを見るととてもそうは思えなかった。

例えば、主力投手二人、浅尾拓也の減額制限いっぱいの二五パーセントダウンに対し、山井大介も同じ二五パーセントダウンは妥当なのか？　浅尾は三四試合に投げ二四ホールドポイント、防御率も一・四七と数字を見れば悪くはありませんが、前年の怪我の影響もあり一年間フルに投げたわけではありません。一方で山井は、五勝六敗、防御率四・一五と数字は振るいませんでしたが、六月二八日のＤｅＮＡ戦ではノーヒットノーランを達成しましたし、一年間、投げ続けました。一三年に関しては、山井のほうが明らかにチームの戦力として機能したわけです。

山井以外にも、ドラフト一位のルーキー・福谷浩司も減額制限ギリギリの二五パーセントダウンというのも疑問です。即戦力として期待されながら怪我などで一軍登板九試合に終わったことからダウン提示をされても文句を言えないでしょうが、新人や二年目の選手というのは翌年以降に活躍する可能性がある。そういう人材に対して、一年目から目いっぱいの減俸をするのはいかがなものかと、僕は感じてなりません。

選手だって人間です。口には出さないかもしれませんが、「俺はチームのために頑張ったのに、なんで怪我をしたあいつより給料を下げられなければならないんだ?」と内心では憤っている人間も多いことでしょう。

ただ、それをGMや球団幹部に言ってしまえば自分の立場が危うくなる。井端弘和が八八パーセントもの大幅ダウンに承服できずチームを去ったように、「この提示を受け入れられなければ辞めてもらって結構」という、言うなれば〝おどし〟に危機感を抱き、やむを得ず契約書にサインをしなくてはならない。そんな暗黙のやり取りが見え隠れしていたため、僕は悲しかったのです。

組織として資金繰りが大変なのは分かります。しかし、その罪を選手だけになすりつければ彼らの士気にも影響を及ぼしかねません。選手は活躍すれば給料が上がり、成績が落ちれば減俸される。しかし、管理者は社員の給料を下げるだけが仕事ではありません。組織のトップに立つ者として、コストカットではなくいかにして企業の収益を上げるべきかに重きを置かなければなりません。中日であれば、ファンサービスの方向性を検討し、集客率向上に尽力するなど方法は数多くあります。目的意識を変えなければ、選手の不満は募り、不協和音はますます強くなってしまいます。

中高年の給料はなぜ高いか

最近、若手社員の多くがこんな不満を抱いているそうです。

「五〇代の社員は働いているように見えないのに、なんで高い給料を貰っているんだろう？」

大企業ならいざ知らず、中小企業の若手社員は二〇代なら年収三〇〇万円台がいいところでしょうか。実際、四〇、五〇代の管理職ともなると現場仕事が減るわけですから、若手から「仕事をしていない」「給料が高い」とみなされても仕方がないのかもしれません。

逆転の発想で物事を考えてみれば、その図式は単純です。

今の管理職だって、もしかしたら若手時代は今の二〇代よりも給料が安かったでしょうし、労働時間だって長かったかもしれない。そのような雌伏《しふく》を経て今日の立場を築き、高いサラリーを得ているわけです。

僕自身、一一年に楽天を戦力外となり中日に拾ってもらった際、三〇〇〇万円で契約をしてもらいました。前年まで二億五〇〇〇万円を貰っていたので大減俸になりますが、クビになった人間が三〇〇〇万円というのは「高すぎる」と感じた人も多いことでしょう。

本音を言えば、中日と契約してもらえただけでありがたかったので、一〇〇〇万円でも五〇〇万円でも受け入れる覚悟でいました。ただ、球団は「お前は以前、チームに貢献してくれたし特別だ」と言ってくれましたし、自分でも「俺は成績でもファンの集客面でも三〇〇〇万円分の貢献はできる」と自信を抱いていました。これも、言ってしまえば過去の実績がもたらした報酬だと思っています。

ただ、僕からすれば今の若手社員の言い分も一理あると思っています。

昔と違い、現在では実力重視の外資系企業が数多く日本に進出しています。リーマンショック以前の大手証券会社のなかには新入社員の年収で一五〇〇万円。仕事ができる人間であれば三〇代で一億円もの大金を手にしていた話は有名だけに、「なんでうちの会社は安いんだ？」と疑念を抱くのも当然でしょう。

僕は、年齢が若くても活躍したらしただけ高い年俸が貰えるプロ野球という世界で生きてきた人間ですから、「成功者が高い給料を貰って何が悪い」という考えの持ち主です。

一般社会に置き換えても、二〇代前半の社員が取引先からビッグな契約を勝ち取ってきたり、大企業から新規の仕事を取ってきたら、大きな達成感はあるでしょう。にもかかわらず、上司が「頑張ったな」のひと言で終わらせてしまえば、彼らだって「それだけ？」と感じるでしょうし、その後のモチベーション低下にも繋《つな》がりかねません。

もちろん、会社の財政状況にもよりますが、管理職の人間も「年齢問わず、結果を出したらボーナスなどで評価しよう」といった姿勢を見せるべきです。そのかわり、「俺も結果を出したら報酬は貰うぞ」というシステムを構築できれば誰も文句は言わないし、企業全体が活性化して業績にも結び付くのではないでしょうか。

何にしても励みは必要ですが、下世話な話、社会人にとって大きな励みとはお金です。今後の人生を豊かにするためには、どう考えたってお金が必要なのです。

断っておきますが、いくら仕事で結果を残し高い給料を貰えるようになっても勘違いをしてはいけません。僕は、富と名声を築いた現役生活にしがみつき、収入が減った引退後も派手な遊びを続けて身を滅ぼした人間を何人も見てきています。

身分相応。一〇〇〇万円を稼いだらそれだけの生活をすればいいし、二〇〇〇万円なら現実を受け止めて慎ましい生活を送る。お金という励みは大切ですが、常に自分の足元を見続けることもまた、成功への第一歩なのではないでしょうか。

持ち上げられたら要注意

中日時代の九六年にホームラン王となったあたりから山﨑武司の知名度は急速に上がり、一億円プレーヤーになるなど金銭面でも裕福になりました。

「俺たちのなかでお前が一番出世したよ」

中学や高校時代、「お前なんか無理だよ」と、プロ野球界で成功するという僕の壮大な目標を聞き入れることすらなかった同級生のほとんどが、僕を認めてくれるようになりました。

ある意味では、ここからがプロ野球選手としての本当のスタートといえるでしょう。地位と名声を得れば様々な業種の人たちが僕の元へ近づいてきます。しかし、彼らは単なる山﨑武司に興味があるわけではありません。「プロ野球選手」、しかも「一流」と名のつく山﨑武司に興味を抱くわけです。

なかには、とことんヨイショする人間もいます。高級料理をふるまいながら接待する。見返りは当然、「プロ野球選手・山﨑武司と仲がいい」というステータスを得ることです。多くの選手はそんなまやかしに溺れてしまう。持ち上げられれば持ち上げられるほど気持ちがいい。有頂天になり天狗のように鼻が伸びる……。

それが、「一流のプロ野球選手」という看板が取り除かれても継続されるのか？　答えはもちろんノーです。レギュラーではなくなる。クビになる。引退する。その度に周りから人は減っていくものですが、当の選手本人はそのことに気づかない。現実を知った時、自分には何もないことを知る。そうなると犯してはいけない領域に踏み込んでしまう。昨今、元プロ野球選手の犯罪者が増えてきているのはそういったことも関係していると思います。

だからこそ、いつでも自分を俯瞰《ふかん》していかなければならないのです。

自分に言い寄ってくる人を受け入れるな、とは言いません。しかし、常に目を光らせて人を判断する。

「この人はちゃんと自分という人間を見てくれているのか？」

周囲からヨイショされるのは結構。ですが、それだけで満足してしまうようでは社会人失格です。

自分の立場を作るのは他人

声を大にして言えることではありませんが、僕は好き勝手にプロ野球人生を歩み、引退した人間です。

それでも二七年間もプレーできたのは、人を大切にしてきたから。これだけは僕がみなさんに自慢したいことです。

野球関係者を除いたとしても、僕の周りには絶えず人がいました。そのなかでも、山﨑武司として付き合ってくれた方たちには常に感謝の気持ちを形にして表していました。

地方の企業の社長さんに、遠征の度に食事をごちそうになっていたとします。大抵のケースは「ごちそうさまでした」で終わり。でも僕は違います。自分が最も誇りとしている野球でお返しする。タイトルや節目となる記録を達成したら自費で記念品を作りお渡しするなど、特別な恩返しをすれば誰だって嬉しいものです。

持ちつ持たれつの関係を保ってさえいれば、最初は野球選手として見ていたのが、いつしか山﨑武司というひとりの人間として評価してくれるようになる。そうなると、戦力外になった時やスランプで落ち込んでいる時など親身に話を聞いてくれたりするものです。

相手が野球関係者でも同じことが言えます。

中日時代の〇二年、監督とケンカ別れのような形でチームを去りました。通常の感覚であれば「あんなチームと関わりたくない」と思うでしょう。しかし僕は、中日でもお世話になったコーチや球団職員、幹部の方たちには、節目で「ご無沙汰しています」と電話などで挨拶をしてきました。それが直接の要因でなかったとしても、一一年に楽天を自由契約になった際、中日に拾ってもらったことを考えるとゼロではなかったはず。

プロ野球選手の多くが、引退後も後輩たちを引き連れて大きな顔をしていますし、きっと重役まで上り詰めた大企業の役員などもそれと同じことが言えるでしょう。世間的にある程度の名声を得た人間というのは、残念ながら「ポスト」を引きずって生きてしまうものです。

しかし、ポストに胡坐《あぐら》をかいた結果どうなるか？　クビになった、窮地に追い込まれた。その時、果たして周りに人がついてくるでしょうか？「助けてください」と懇願したところで、相手はきっと「今さらお願いされてもな」と首をかしげることでしょう。

自分が調子のいい時期は誰だっていい顔をして付き合ってくれます。ですが、そんなリベートは長くは続きません。だからこそ義理人情が大切なのです。自分本位にならず相手と向き合って人付き合いを続ければ、困った時に必ず誰かは助けてくれる。
最終的に自分の立場を築いてくれるのは他人であることを忘れてはいけません。

第二章　後進の指導ほど難しい仕事はない

上司という危険な権力

二〇一一年。シーズン終了直前の一〇月九日に東北楽天ゴールデンイーグルスから自由契約を告げられた際、球団からコーチ就任の要請を受けました。

一三年に引退した東京ヤクルトスワローズの宮本慎也のように、四〇歳を過ぎたベテランのなかには選手兼任コーチとして後進の指導にあたる人間も少なくありません。

僕はといえば、大ベテランとなってからもそのようなポジションを与えられることはありませんでした。楽天の主力として誰にも負けない結果を残してきた自負もありましたし、コーチ兼任の選手を否定するわけではありませんが、選手という立場でありながらコーチも引き受けるといった中途半端な立場に居たくなかった。だから、もし、球団からそのような要請を受けたとしても断っていたでしょう。

そんな人間が、コーチ専任として球団に残るようお願いをされた。

コーチとはタイミング。自分が「なりたい」と希望したところでチームに枠がなければ就くことはできません。引退直後にコーチ就任の要請を受けることは選手にとって最高の勲章。恵まれ過ぎた待遇ではあります。本来ならば喜んでお受けすべきところでしたが、僕ははっきりと断りました。俺はまだ、現役として燃え尽きちゃいない――。自分自身のなかでそういった想いのほうがはるかに勝っていたからです。

監督を除けば、チームにおいてコーチほど難しい仕事はありません。

自分ではこう指導したい。でも、監督や球団の意向が違っていればそれに従わなければならないことだって多々あります。矛盾を抱えながら接してしまうと、選手は「この人、現役時代にやっていたことと違う」と必ず気づきます。しかしコーチは、自分の本音を悟られたくないため、半ば強引に「やれ」と命じるようになってしまう。

僕は、自分の意に反したことを押し付けるような風見鶏にはなりたくない。監督と自分の意見が違っていれば、たとえケンカになったとしても自分の意思を貫き通す。

中日ドラゴンズ時代、今では故人となられましたが島野育夫さんというコーチがいました。

星野仙一監督の「名参謀」として中日時代の一九八八年と九九年、阪神タイガース時代の二〇〇三年にチームをリーグ優勝に導いた方ですが、島野さんは自分の信念を貫き、選手の意見を尊重してくれた素晴らしいコーチでした。

僕は根がやんちゃ坊主ですから、島野さんのような誰にでも好かれる人徳者にはなれないかもしれない。でも、選手一人ひとりの気持ちを慮《おもんぱか》り、的確な指導ができるような指導者になりたいと思っています。

学校における教師と生徒と同じように、コーチにとって選手は「その他大勢」かもしれませんが、選手にとっては「たったひとりのコーチ」なのです。だからこそ、選手の適性を明確に判断しながら、例えば田中将大のような才能豊かな選手は個性を伸ばす、鍛えないとダメなような未熟な選手は徹底的にしごくといった「区別と差別」をうまく使いこなせるよう、僕自身、これから勉強していかなければなりません。

部下の連れまわし方

行きたくもないのに、「上司に誘われたから」と仕方なく飲みに行く。このような経験を何度もし、辟易《へきえき》している若手社員の人は今でも多いかと思います。

体育会系のプロ野球の世界だとより顕著になります。

特に、僕が若かった時代などは先輩の言うことは絶対服従。先輩から「飲みに行くぞ」と誘われれば有無を言わさず連れまわされる。僕はお酒が一滴も飲めない体質ですから、「飲め」と言われても飲めないものは飲めません。そのうち、「俺の酒が飲めないのか!」と酔いに任せて先輩の口調も高圧的になってくる。「だから、お酒が飲めないって言っているでしょ！」。そう強い調子で口答えをしようものならば、「あいつは生意気だ」となるし、鉄拳が飛んでくることもありました。

今から三〇年近く前の話ですから、現在ではこれほど理不尽なやり取りもないでしょうが、酒席という場でも職場の上下関係を持ち出されるほど、部下にとって苦痛なことはありません。

お酒を飲めない僕ではありましたが、二〇代後半くらいまではかつての先輩たちのように高圧的に後輩を食事に誘ったことがありました。中日時代では、二〇歳になったばかりの荒木雅博あたりの若手を連れまわし、彼らが「今日はちょっと……」と断りを入れようものならば、「おいおい、俺と他の用事とどっちが大事なんだよ」と乱暴に誘ったこともあったくらいです。ちなみに荒木は、今でもそのことを根に持ち、冗談を交えながら「あの時の山崎さんは怖かった」と告白しているくらいです。

そんな僕も、年齢を重ね、企業の社長さんなど人生の成功者の方々と数多くお話しさせていただくうちに「それでは部下はついてこないよ」と教えられ反省するのです。

では、どういったときに後輩を食事に誘うべきか？　答えは簡単です。「ただ飲みたいから」と誘いたい場合は、断られることを前提で誘う。そこで、「付き合いが悪いな」と憤りを覚えるくらいなら誘わないほうがいい。大事な話をしたかったり、至らなさを指摘したい場合には、「お前の意見も聞きたいから一杯だけ付き合ってくれないか？」と多少、へりくだって誘う。それでも断られることがあるかもしれませんが、折に触れて声をかけ続ければどんな部下だって一度くらいは話に付き合ってくれるはずです。

しかしながら、現在ではお酒も飲まない、上司や先輩の誘いも平気で断るといった社員が増えていると聞きます。

プロ野球の世界も同じです。健康に気を配る選手が増えたこともあり、お酒を飲む選手が減った。それ自体は悪いことではありませんが、本当に仲がいい選手同士でしか付き合わなくなる。少人数の派閥を作り、他者を受け入れようとしない人間が増えてきているのは少々問題かな、と憂いております。

お酒は別にしても、目上の人間や経験豊富な先輩の話には、ひとつやふたつは参考になる要素は必ずある。それがもし、悪い参考でも「ああいう人にはなりたくない」と反面教師にできるだけでもプラスだと思います。

こればかりは、「行ったほうがいい」と断言しても無理があるでしょうが、ひとつの勉強、仕事と思って一ヵ月に一度くらい上司とひざを突き合わせながら話してみるのもいいのではないでしょうか。

間違った努力や思考

厳しいプロ野球の世界で成功を収めるために必要なのは結果です。それが全てと言っても過言ではありません。

結果を得るためには言うまでもなく日頃の鍛錬が必要不可欠となってくるのですが、同じくらい求められるのは「ぶれない心」。もっと分かりやすく説明すれば、自分の信念を持って野球に取り組むことになるでしょうか。

しかし、それも若いうちは空回りすることが多々ある。そういった選手に対して正しい道を示してあげるのもベテランやコーチの重要な役割と言えるでしょう。

楽天時代、その典型的な選手は嶋基宏でした。

高校、大学でキャプテンを務めただけあって、〇七年のルーキー時代から努力を怠らないなど野球に対する取り組みは目を見張るものがありました。当時の楽天には絶対的な正捕手がいなかった関係で、嶋は一年目からスタメンマスクを被《かぶ》る試合も多かったのですが、試合への入り方や集中力なども新人らしからぬ要素を備えていたくらいです。

そんな嶋も、一度、歯車が嚙み合わなくなると周りが見えなくなることが多々ありました。

当時の監督である野村克也さんから配球面を徹底的に叩き込まれ、守備、バッティングと数多くの技術を学ばなければならない苦しさもあったでしょう。試合で相手チームに打たれ出すと頭が混乱してしまうのか、極端に言えばやられたらやられっぱなしで何の対処法も見つけることなくチームも敗戦。そんな日が続いたのです。

僕は、何度も嶋に説教をしました。

「試合に出れば一年目もベテランも関係ないんだ。なんで、やられたらやり返す方法を模索しないんだ？　お前のせいでどれだけチームに迷惑をかけているか考えたことはあるのか？　監督やコーチがお前を育てたいから我慢して使ってくれていることが分からないのか。少しでも分かるならもっと相手に向かっていく気持ちで試合をやれよ！」

嶋の性格は頑固一徹。自分が「こうだ」と決めたらとことん突き進む。悪いことではありませんが、方向性を見間違えるとキャッチャーというポジションの性格上、チームの勝敗も左右してしまう。だからこそ、「自分だけではなく、もっと全体を見ろ！」と時には怒鳴りつけながらも嶋の意識改革に努めました。

「環境が人を変える」とは野村監督が常々言っていたことですが、レギュラーとして試合を重ね、一一年からチームの選手会長となると嶋は周りをよく見られるリーダーへと飛躍を遂げてくれました。

野球ファンならば一三年の彼を見ていてよく分かっていることでしょう。チームが劣勢の時でもベンチで声を張り上げる。ピッチャーとのコミュニケーションも欠かさない。日本一を陰で支えたのは、まぎれもなく嶋です。

期待の若手を勘違いさせない

プロ野球には数年に一度、「大物」と呼ばれる選手が入団してきます。

甲子園で全国制覇を成し遂げた、大学では全日本のキャプテンを任された……。アマチュア時代に燦然《さんぜん》と輝く実績を残してプロ入りするわけですから、当初からメディアに注目され、時にはちやほやされることだってあったでしょう。

ただ、アマチュアとプロは違う。まだ子供、という見方をしてしまえばそれまでかもしれませんが、とにかく勘違いしている人間が多いものです。

○七年に楽天に入団した田中将大がそうでした。

高校時代は甲子園で全国制覇を経験し、「ナンバーワンピッチャー」として大いに注目されていたことから、一年目の春季キャンプから大勢の人間に取り囲まれる生活を強いられることになりました。

同情する部分もあります。球場の外でも常に人に見られている。プライベートなんて全くない。苛立《いらだ》つことだって少なくないでしょう。でも、それを人に見せてはいけません。一年目の田中は連日のように続く取材でうんざりしていたのか、球団スタッフに対する態度が次第に横柄になっていきました。

「このままではいかんな」。僕は田中にはっきりと告げました。

「お前の態度、良くないぞ」。田中は「いや、別にそういうわけでは」と答えます。それでも、ひとりでも「横柄だ」と思えば何人もそう思っているはず。だから僕は、少々乱暴な口調でこうまくしたてました。

「お前がそれでいいならいいよ。球団スタッフは気を遣っているから許してくれるかもしれないけど、俺はあんな態度を絶対に許さないからな！」

高卒ながらあれほどのプレッシャーのなかで一一勝を挙げてしまうような選手です。やるべきこと、自分の至らないことをすぐに理解し、是正できる能力はさすがです。徐々にではありますが、少なくとも僕やチームメートの前で横柄な態度をとることはなくなりました。

楽天と言えば、一四年に田中以来となるゴールデンルーキーの松井裕樹《ゆうき》が入団しました。高校時代から甲子園の奪三振記録を塗り替えるなど注目を浴びていた彼ですが、関係者に話を聞くと先輩や野球部の部長にも「タメ口」で話すというではありませんか。

マスコミ対応はしっかりやっていたかもしれません。しかし、身内でのボロはいつか必ず出ます。僕が若手だった時代と違って、今では「なんだこの野郎!」と殴られることはないでしょうが、間違いなく指導者や先輩たちから厳しくとがめられます。そうなった時、どれだけ自分を律することができるのか? 嶋や田中のように、先輩の意見を真摯《しんし》に受け入れられるような人間でないと、少なくともプロで結果を出すことはできません。

見た目のカッコよさと実力

ここ数年、野球選手のなかに「個性」をはき違えている人間が数多く見られます。

金髪に近い色に髪の毛を染め、ひげを生やし、長髪とまではいかないまでも野球選手に似つかわしくないぼさぼさ頭でグラウンドに立つ。芸能人ならまだしも、野球選手が見た目にこだわってどうする？　僕はそう思えてなりません。

プロ野球選手の個性とはプレーです。速いボールを投げられる、遠くまでボールを飛ばすことができる、足が速い、守備がうまい……。秀でたスペシャリティにファンは魅了され、お金を出して試合を見に来てくれるのです。フルで試合にも出られないような、ただ茶髪とひげ、スタイリッシュな格好をした人間を誰がお金を払って見に来ますか？

野村監督は見た目の印象を特に大事にしていました。

〇六年の最初のミーティングでは、いきなり「茶髪、ひげの選手は明日までに直してきなさい」とお触れをだし、僕に対しても「人は見た目で判断する。勘違いされないように普段から行動を気にしたほうがいい」と口酸《くちず》っぱく言ってくださった。要するに、「見た目ごと、きで悪い印象を与えては損だろう」というわけです。

楽天時代で言えば鉄平。ある日、彼が茶髪でやってくると僕ははっきりと「直してこい！」と言いました。すると、次の日になるとちゃんと黒髪にしてきた。素直さを認める反面、「すぐに直すくらいなら最初からやらなければいいのに」と苦笑したものです。

正直なところ、見た目のこだわりはくだらないと思っていますが、どうせやるのならとことんやればいい。

横浜ＤｅＮＡベイスターズの三浦大輔が代表例でしょう。聞けば彼は、入団当初からリーゼントにしたそうですが、「この髪型を認めてもらうためには結果を残すしかない」と、自分にプレッシャーをかける意味も込められていたそうです。

そういった考えはありだと思います。どのような仕事でもそうでしょうが、仕事でしっかりと結果を出せば周りは認めてくれるもの。仮に社内で浮いている髪型をしていても、「あいつはちゃんとやっているから」と容認されることだってあるでしょう。

だからこそ、僕たちのようなベテランや上司もまず、見た目を注意しながらも下の人間の仕事も冷静に見極める。もし、しっかりと実績を残すくらい組織に貢献しているのであれば、ある程度は譲歩してあげることも必要なのです。

リーダーは引き継ぐべき

楽天時代、僕は周りから「精神的支柱」などと呼ばれることもありましたが、自分自身ではそのような意識を持ったことは一度もありませんでした。

しかしながら、年齢を重ねれば重ねるほど、周りが自分をリーダーにしたがる。ただ、どのような組織でも社員のリーダーになるような人材は中堅クラスが理想。二〇代の若い社員に対しても五〇代の幹部クラスにもはっきりと物申せる人間がいたほうが、組織としてのバランスが保ちやすいと考えていました。

だから僕は、楽天に入団した〇五年、その役割を礒部公一《いそべこういち》に任せようとしました。

この時の自分は三六歳。チームのなかで最年長に近い立場でした。一方で礒部は三一歳。しかも彼は、前年の〇四年の球界再編問題の際、近鉄バファローズの選手会長として各球団の代表たちと渡り合った実績もある。まさに適任と言える存在でした。

僕は礒部に言いました。

「これからはお前がチームを引っ張っていかなければダメだ。俺が若い連中に言うのは簡単だよ。でも、三六歳の俺が言ったところで選手はコーチが怒鳴っているものだと受け取ってしまうんだよ。下も上もバランスよく言えるのは礒部のような実績のある中堅選手。だから、俺たち先輩に気を遣わずどんどん引っ張っていってほしい」

若い世代に近い人間のアドバイスなら響くだろう。それは、僕が中日の若手時代に痛感していたことでした。当時のチームには大島康徳さんや小松辰雄さんなど大ベテランがいましたが、そういった方たちが前面に立ってしまうと若手が萎縮してしまう。それよりも、中堅クラスの選手のほうが馴染みやすかった。だからこそ、議部にチームリーダーとして楽天を改革してほしかったのです。

幹部は「世代交代」を怖れるな

意外かもしれませんが、現役時代の僕は妻からよくこんなことを言われていました。
「あなたって全然、非情じゃないよね。なんだかんだ言って相手に情けをかけるじゃない。とことんやればいいのに」

山﨑武司を知る方のなかには、これまでの傍若無人な立ち振る舞いから「非情なんじゃないの？」と思うかもしれませんが、それは公の場で暴言を吐くなど豪快な言動を見せるからであって、自分としてもそこまで非情ではなかったと感じています。

本書でも度々書いている通り、僕はどうしても人が気になってしまう。態度がよくない後輩がいれば「ちゃんとしろ！」と説教をするし、技術面でも見当違いな練習をしている選手を見かければ「こうしたほうがいいぞ」と少しは助言もします。弱肉強食のプロ野球の世界ではありますが、ひとりでも多くの選手が結果を出してくれれば嬉しいし、ひいてはチームだって強くなるわけです。

だから僕は、他球団の選手にも分け隔てなくアドバイスを送ります。

どんな世界でもそうでしょうが、プロ野球界もひょんなことから他のチームの選手との繋がりが生まれたりします。僕のケースで言えば、試合前の練習などで挨拶に来てくれることから関係がスタートするのですが、それが、二回、三回と続くと相談を持ちかけてくる選手が現れることだって珍しくありませんでした。

DeNAの多村仁志《ひとし》はそのひとりです。

彼のバッティングスタイルというのは、逆方向であるライトへ強い打球を放てることが持ち味。それが、〇七年に横浜からソフトバンクへ移籍してしばらく経つとレフト方向へ引っ張る打球が増えてきた。多村はある時、僕に初めて相談を持ちかけてきたのです。

「王さんは『引っ張れ』って言うんですけど、僕が間違っているんでしょうか？」

「俺は今までのお前のやり方は間違っていないと思う。右の長距離砲が反対方向に打てるっていうのは大きな武器だよ」

バッターは繊細な生き物ですから、自分が築き上げたスタイルが少しでも変わると成績にもダイレクトに影響します。逆方向への打球が多い多村が引っ張ることを意識すると、ツボにはまれば大きなホームランを打つことができるかもしれませんが、アウトコースの見極めが早くなり長打が減る恐れがある。横浜時代はホームランを三〇本は平気で打っていた多村がソフトバンク移籍一年目には一三本と数を大きく減らしたのも、おそらくはそのせいでしょう。球場の広さも関係したのかもしれませんが、引っ張り傾向が彼の持ち味を消していたことも事実だったのです。

当時、監督を務められていた王貞治さんの助言は間違ってはいません。ただ、どんな優れた指導者でも全ての選手に自分の教えがフィットするとは限りません。僕は、多村にそのことを理解してほしかったのです。

迷いが消えたのか、多村は〇九年に一七本、一〇年には二七本とホームランバッターとして復活の兆《きざ》しを見せてくれました。僕のアドバイスが功を奏したかといえば分かりませんが、彼の活躍は純粋に嬉しかった。

多村のように他球団の選手にしょっちゅう助言を送っていたわけではありませんが、日本ハムの陽岱鋼《ようだいかん》や中田翔《なかたしょう》、西武の〝おかわり君〟こと中村剛也《たけや》なども頻繁に挨拶に来てくれたので「頑張ってるか？」と激励していましたし、DeNAでキャプテンを務める石川雄洋《たけひろ》には「お前、ユニフォームの『C（キャプテン）』のマークを泣かせるんじゃねぇぞ」と尻を叩いたりもしました。

それも、全ては彼らのため。

ひとりでも多くの若い世代が活躍してくれることで、たくさんのファンが球場に足を運びチームも盛り上がる。最終的には、プロ野球の繁栄にも繋がっていくわけです。

これは、プロ野球界も大いに反省すべき点ではありますが、一般社会でも定年をとうに過ぎた六〇代、七〇代の役員が「俺たちがいないと会社が成り立たない」といっては延々と企業に居座っています。

それでは、いつまでたっても後進が育ちません。

〝リタイア世代〟の役員が四〇、五〇代の頃そうだったように、上の世代が若い世代に知識と経験を与えていかなければ組織の底上げはされません。そうでなければ、若い世代が役員クラスになった時、企業運営のノウハウを教わっていないため、その会社は衰退していることでしょう。結果的に、役員も損をすることになるのです。

若手が台頭してきたからといって自分の立場が危うくなるわけではありません。下の人間を良い方向へ導いてあげることもまた、年配者の責務なのです。

組織にどう活を入れるか

「リーダーには向いていない」と自覚していた僕でしたが、楽天では意識的に「これは自分が引っ張っていかなければダメだな」と行動へと移すようになってきました。

当初は儀部にチームリーダーを任せ、一、二年でチームがどれだけ変わるのかを見定めたかったのですが、当時の楽天はレギュラー経験者がほとんどいない寄せ集め集団。なあなあの雰囲気を儀部ひとりで改革していくのは困難でした。

「これは全然ダメだ」。相変わらず変化を見せようとしないチームに落胆しました。

具体的に何が全然ダメだったのか？　大きな例を挙げれば試合に臨む姿勢でした。

これから命を取るか取られるかの戦場に足を踏み入れるというのに全く緊張感がない。試合開始三〇分前くらいからテンションを高めていかなければいけないのに、そんなことなどお構いなし。世間話で盛り上がっている選手もいれば、ゲームに興じている選手もいるくらい、それはもうひどい有様でした。

勝てるチームと勝てないチームの差を痛烈に感じました。中日時代は、誰かが「おっしゃ！」と雄叫《おたけ》びを上げれば、周りの選手も呼応するように「行くぞ！　絶対に勝つぞ！」とさらにテンションを上げていく。隙を見せる選手なんてひとりもいなかった。

これは極端な例かもしれませんが、そういった姿勢こそ組織の伝統を作るのだと思います。勝てる集団、実績を残せるチームというのは、どのようなやり方であれ「先輩たちはこうしていたから勝てたんだ」と自然といい面を吸収しようとする。でも、それを知らない人間は強いチームの形成の仕方が分からない。

だから僕は、それを注入しようと努めたのです。

「俺は負けるために、周りにバカにされるために東北に来たんじゃない。何とかしてこの弱いチームを少しでも強くしなければ来た意味がなくなる」

僕はチームリーダーになる決意を固めたわけです。

創設メンバーはもちろん、繰り返すようですが田中や嶋など、新しく入ってきた選手たちにも容赦なく怒鳴りました。時には「山﨑のヤツ、怒鳴ってばっかで鬱陶《うっとう》しい」と感じる選手もいたことでしょう。

「自分がどう思われているか?」なんて気にしていたら改革などできません。嫌われても陰口を叩かれても組織を正しく導くためなら何者にでもなってやる——。そのくらい強い気概がなければチームリーダーは務まりませんし、何より組織は強くならないのだと、楽天で学んだのです。

下に認めてもらうには

「下の人間がなかなか言うことを聞いてくれなくて困っているんだ」

同僚や年齢が近い先輩に愚痴をこぼしたことのある中間管理職の方は多いかと思います。

はっきり言います。それは、多かれ少なかれ上の人間にも責任がある。もしかしたら「上司」という看板をぶら下げて指示していないか？　後輩たちを納得させるだけの実務はこなしているのか？

「自分はやっている」。そう思うかもしれません。しかし、「自分の評価は他人が決めるもの」。俺はこれだけやっているという自己評価ほど不確かなものはありません。

特に昨今の二〇代は、あらゆるところから情報を仕入れる術を身に付けている。ＳＮＳサイトなんかいい例ですが、上司のあずかり知らないところで勝手に評価されていることを、まず気づくべきです。

プロ野球の世界は分かりやすい。極端に言えば、現役時代の実績が乏しい先輩の言うことなど聞いてくれない。一方で、どんなに性格が悪く高圧的な態度をとっている先輩でも、通算で二〇〇〇本安打を記録していれば、それだけである程度は下の人間を手なずけることができるわけです。

でも僕は、実績や高圧的な態度だけで後輩たちに認めてもらおうとは思っていません。ある時、高校の大先輩である工藤公康《きみやす》さんに「あいつら全然、走らないんですよ」と愚痴をこぼすと、こう叱責を受けました。

「口で言うのは簡単だよ。じゃあ、武司は走っているのか?」。僕は「走っていますよ」と答えると、工藤さんは続けてこう言いました。

「じゃあ、なんで後輩は走らないのか? と考えないと。多分だけど、それはお前の走り込みが足りないからじゃないか? 武司が今まで以上に走っていれば、後輩たちだって走るようになると思うよ」

ストイックに自分を追い込むことで有名な工藤さんからそのような言葉をいただき、自分の態度を悔い改めたことを覚えています。口よりも体を動かす。その姿勢を下の人間に認めてもらえれば、あとはいくらでも口で怒ればいいのです。

だからといって、いつまでも口で指導してばかりではダメです。自分の許容する範囲内で後輩が理解してくれていると感じれば、あとは行動に切り替える。バランス感覚は難しいですが、やって不可能ではありません。

声をかける効用

組織のトップに求められる資質は数多くあるでしょうが、個人的にはある種の独裁を具現化できる人間が適していると考えています。

中日時代の星野監督など典型的な人物です。時に時代性を度外視した鉄拳制裁もあり、敵チームになめられた態度をとられようものならば「俺に続け」とばかりに先陣を切って相手陣営に乗り込む。かつてテレビでも数多く放送された乱闘などはいい例でしょう。

星野監督のようなトップは白黒はっきりしていて分かりやすいので、部下としては「この人について行けば」と思うだけでいいから仕事もしやすい。

ただ、それだけで全員が上の人間を慕うかといえばそうではありません。独裁は時に反発を呼びます。そうならないために必要なこと。それは、トップであり上司の立場である人間が、下の人間とのコミュニケーションを欠かさないことです。

簡単なミスをした際に、「何やってんだよ」と苦笑交じりで小突くのでもいい。廊下などですれ違った際に「最近どうだ？」と他愛《たわい》もない会話をするだけでもいいのです。多くの部下はそれだけで、「自分は見てもらえているんだ」と安心感を抱くもの。

星野さんの参謀役として辣腕《らつわん》を発揮した島野さんがそういう方でした。僕はこれまで、数多くの指導者のもとでプレーしてきましたが、島野さんほど絶妙なバランスで首脳陣と選手の間を取り持ってくれたコーチは見たことがありません。

休みがない日が続くとします。当然のように選手の間では不満が募ります。そんなとき、決まって島野さんは「最近、頑張っているじゃないか」と声をかけてくる。「そろそろ休みとかもらえませんかね?」。冗談半分でそう告げると、島野さんは「分かった。監督に聞いてみるよ」と約束してくれる。

たいていの場合、ただの口約束で実際に監督に伝えてくれるコーチなどいないなか、島野さんは確実に、しかも選手の耳に聞こえるように「休みをやってもいいんじゃないですか?」と監督に進言してくれるのです。

こんな時もありました。僕があるコーチと衝突して干された時期に、島野さんに「俺、もうあの人を殴って辞めようかな、と思います」と愚痴をこぼすと、「それだけはやめておけ。俺から言うから」と僕の意見を聞き入れてくれたのです。そして、これもまた聞こえるように、「お前、いい加減にしろ!」とそのコーチに向かって叱責してくれたのです。

だからといって、ずっと選手側に立ってくれるだけではないのが島野さんでした。

「島野さんなら話を聞いてくれる」と甘えていると、「お前、やることやってから言え！」と怒鳴られる。試合で凡ミスなどを繰り返した日には、首根っこを掴まれて延々とノックを受けさせられたこともあったし、殴られたことも一度や二度ではありませんでした。

一般的には星野監督のほうが怖いイメージがありますが、僕は島野さんのほうが怖かった。でも、とても大好きで心から信頼できるコーチでした。

時に部下の目線で話し、けれども甘えは絶対に許さない。島野さんのような人こそ、昔も今も変わらない理想の上司像ではないでしょうか。

「なぜ怒られたのか？」を問う

僕の性格は豪快というか、先輩たちから「ジャイアン」と呼ばれていたくらいですから後輩たちに対して高圧的に怒鳴ったり、時には暴力的な指導をしてしまったこともありましたが、楽天に入り二、三年が経った頃になるとその手法にも変化が表れるようになりました。

まず、相手の目線で物事を考えてみる。

「先輩からただ怒られっぱなしだった若い時、俺はどう思っていただろう？」

冷静に考えてみる。容赦なく怒鳴り声でまくしたてられ続けると、「自分がなぜ怒られたのか？」を振り返る以前に、「怖い。早く終わってくれないかな」といった現実逃避しか頭になかったような気がする。それはきっと、いつの時代だって同じはず。

だから僕は、後輩を怒鳴ったとしても、一日、二日後には必ずその選手を呼び、怒らずにこう問いただすようになりました。

「この前は俺だけが一方的に怒った形になったけど、なんで俺があああ言ったのか分かるか？もちろん、お前だって理由があってのことだろうから、もし納得がいかないようなら腹を割って話してくれよ」

優しく切り出したところで素直に自分の想いを語る選手はほとんどいませんが、少なくとも山﨑が何で怒ったのかはしっかりと理解してくれる。

「俺はこういう人間だから怒る時は怒る。でも、お前のことも知りたい」。そういう意思表示さえ忘れずに接していれば、後輩だって先輩の意見を真面目に聞き入れてくれるでしょう。

後輩を認めるタイミング

プロ野球ファンであれば、僕が現役時代、監督やコーチとたびたび衝突していたことも知っているでしょうから、「山﨑は相当なやんちゃ坊主だ」と思っているはず。それ自体は否定しませんが、ずっと怒っているかといえば決してそうではありません。

自分で言うのもなんですが、僕は比較的、「自由にしろ」というタイプです。

後輩たちと食事に行くことがあれば、「俺に気にせずどんどん食って、ガンガン飲めよ」と最初に告げますし、明らかに無礼な態度をされなければ何をしても許容できます。

もっと分かりやすい例を挙げれば、生意気な後輩に対しても、相手が一線を越えなければ怒るようなこともありません。

中日時代から僕を慕ってくれている後輩のなかに、現在、阪神でプレーする福留孝介《ふくどめこうすけ》がいます。彼は相当な変わり者で、入団三年目に星野監督の命令に背き、僕と一緒にハワイで自主トレをするといった度胸があるような男です。

福留はこれまでの実績を見ても分かるように一流プレーヤーですが、先輩の意見だろうと耳を傾けようとしない。僕が、「ちょっとバットヘッドが下がっているぞ」とアドバイスをしても「今はそこを直す段階じゃないんで」とさらりと言ってのける。

他の先輩からしたら「なんて失礼な男なんだ」と思われるかもしれませんが、僕はそうは思っていません。なぜなら、福留を認めているから。自分でやるべきことを理解し、シーズンに入ればしっかりと結果を残す。仕事に対してどこまでも貪欲な姿勢でいるから、「俺が言わなくても孝介はちゃんとやるだろう」と割り切れるのです。

仕事の意味を理解し、目的意識を持って励んでいる後輩は認めなければなりません。もうひとり挙げると楽天の嶋なんかもそうです。

入団当初は「もっと相手と向き合って戦え！」など怒鳴り散らしたこともありましたが、実績と経験が伴っていくうちに自分がやるべきことを理解できるようになったし、リーダーシップも取れるようになった。だから僕は、他の後輩の態度が良くない場合は自分から注意せず、まず嶋に相談するようになりました。

「あいつ、ちょっと練習を軽く見てやしないか？　嶋、どう思う？　お前もそう感じるなら言ったほうがいいよな？　それとも嶋から言ってくれるか？」

当然、嶋のほうから「すみません！　僕から言っておきます」と率先して注意してくれます。僕は、そんな彼の姿を見ては嬉しく感じたものです。

かつて怒られた先輩から認められるようになれば、後輩だって「俺も山﨑さんから認められたのかもしれない」と喜ぶでしょうし、さらなる成長に励んでくれるのです。

媚びるならとことん媚びる

野村さんが阪神の監督だった九九年から〇一年にかけての三年間は、チームの「暗黒時代」真っただ中。そんな窮状を脱却するために野村監督は、当時の久万俊二郎《くましゅんじろう》オーナーに戦力補強を切実に進言すると、こう言われたそうです。

「君は言いたいことをはっきり言うね」

それでも、さすがは野村監督、ひるむことなくこう返したそうです。

「それは失礼しました。失礼を承知で言わせていただくと、オーナーの周りにはあなたにとって都合のいいことしか言わない人ばかりではありませんか？」

久万オーナーは感心しながらそれを認めたそうです。

野村監督と久万オーナーの会話からもお分かりのように、世の中には絶対的なトップに対してゴマをする人間が多いということ。

このエピソードはあくまでも一例にすぎず、ゴマをする行為には多様性があります。時と場合をわきまえずとにかく社長に媚びる人間もいれば、部下の前では偉そうにしていながら陰ではしっかりと上の人間に媚びるタイプ。一見すると媚《こび》を売っていないようで、実は過度なパフォーマンスによってアピールするタイプと様々です。

本音を言わせていただくと、僕はどのような形であれ上司に媚を売るような人間は好きになれません。

その反面、こうも思うのです。「媚を売るならとことん売れ」と——。

これは最近になって感じていることなのですが、媚を売る、ゴマをするという行為は必要悪なのかもしれません。野村監督と久万オーナーのやり取りからも分かるように、結局のところ、トップの人間は自分の意見を百パーセント反映させたいと思っている。ならば、絶対服従する人材をそばに置いたほうが自由自在に指示を出すことができる。それが企業にとってプラスになるのかマイナスになるのかは、最終的にはトップの力量によって決まるわけですから、それはそれで構わないと割り切れるようになりました。やはり、好きにはなれませんが。

来る者拒まず、去る者追わず

僕自身、「来る者拒まず、去る者追わず」をモットーとしている人間ですから感じるのですが、部下や後輩に対して愚痴をこぼしてしまうのは、それだけ人に対して感情移入しているからなのでしょう。

繰り返しになりますが、野村さんが楽天の監督に就任した〇六年に「お前は勘違いされやすいから普段からの行動に気をつけたほうがいい」と助言をいただいて以来、「この人はちゃんと見ているところは見ているんだな」と感心させられたわけですが、野村さんはキャッチャー出身だけあって多くの人をとてもよく見ています。

しかも、驚くほど細かい。若い選手が監督の前で萎縮しているのか、目の前を通り過ぎる際に挨拶をしないとこのようにぼやくのです。

「あいつは今、挨拶をしなかったな。俺のことが怖いのか？　それとも避けているのか？　嫌われているならそれでも構わんけどね」

そのケースとは逆に、勇気を振り絞って野村監督にアドバイスを求めると、「やっと聞きに来たか」と言わんばかりに、普段なら一〇分で済むような話題も人生訓など織り交ぜながら一、二時間、平気で喋り倒す。

野村さんの「来る者拒まず、去る者追わず」の精神の素晴らしいところは、差別をしないこと。自分を避けていてもやるべきことをやり、結果を出しているのなら試合には出す。どこまでも野球を愛し、勝利に飢えているからこそ可能にしているのでしょうが、僕が指導者になった暁には、野村監督のやり方を参考にしていきたいと考えています。

別れの言葉は厳しさと愛情を

現役として歳を重ねれば重ねるほど嫌になる時期があります。それは、「戦力外になりました」という後輩からの電話です。

一〇月に入ると連日のように戦力外通告を受けた選手が発表され、携帯電話に登録していない番号から着信があることも毎年、何度かありました。

「お久しぶりです。もう、ご存じかと思いますが戦力外になりました。今までありがとうございました」

一般企業で正社員がクビになることは滅多にないかもしれませんが、広く社会に目を向ければ数年前に世間を騒がせた「派遣切り」などはいい例でしょうし、取引先から急に契約を打ち切られることも一種の戦力外通告と言えるでしょうか。

当然、後輩たちのショックは大きいことでしょう。それでも僕は、「お疲れさん」と労をねぎらいつつ、「今後、どうしたいんだ？」と尋ねることも忘れません。

ほとんどの選手は「現役を続けたい」と言う。日本シリーズ後に行われる合同トライアウトに参加する選手も数多くいます。そういった人間には「頑張れよ」とエールを送りますが、なかには「球団から『コーチとしてチームに残ってくれ』と言われているんですが」と進路を迷っている選手もいます。

そういう人間には、はっきりと「コーチを引き受けろ」と伝えます。

首脳陣にも枠があるのは当然のことで、どんな一流選手であっても自分がなりたいタイミングでコーチになれるとは限らない。もしかしたら、一生、声がかからないことだってあります。そう考えれば、戦力外通告と同時にコーチを要請されるのはとても幸運なことなのです。

もうひとつ理由を挙げれば、仮に他の球団が拾ってくれたとしても、一度戦力外になった選手がその先、一〇年も現役でいられる確率は限りなく低い。一、二年後には再び戦力外となる可能性のほうが高い。

だから、厳しいようですが僕ははっきりと自分の意見を述べます。

「今回のようなタイミングは二度とないかもしれないんだぞ。お前の自己満足で野球を続けるのはいい。だけど、その後はどうする？　家族だっているんだろう。将来、自分がどうやって生計を立てていくのか、明確なプランがあればいい。でも、ただ『野球を続けたい』じゃ奥さんや子供に迷惑をかけることになるぞ。もう、夢を追う時代は終わったんだ。これから現実を見据えて生きたほうがいい」

山﨑さんは現役を続けられたからそんなことが言えるんだ――。反論されればそれまでですが、僕にしたって〇二年に中日からオリックスにトレードされた時、〇四年にオリックスを戦力外になった時には自分勝手な行動で家族に多大な迷惑をかけました。現役でいられるのは結果を残していることもありましたが、はっきり言って運もあったから。そんな自分を参考にしてほしくない。あくまでも普遍的に、彼らにとって最良の道を示してあげたい。そう思うからこそ、厳しいアドバイスを送らせてもらうのです。

会社をクビになる。あるいは、辞めざるを得ない状況の社員がいる。契約社員ならば満期前に契約を解除される……。辛い現実を目の当たりにした人間たちにどう前を向かせるか？　そういう場での対応もまた、管理者には求められてくるのです。

心の叫びはいつか必ず届く

楽天時代の僕は、後輩たちにとって厳しい先輩だったと思います。嶋や田中への叱責については先に述べた通りですが、他の選手に対しても容赦なく叱り飛ばしました。

中日時代から知る鉄平、ピッチャーの青山浩二など、実力があるのにその力を有効活用できていない選手に対しては、「お前は根性のかけらもねぇな！」「いつになったら試合で強気になれるんだ！　いい加減にしろ！」と罵声を浴びせたこともありました。

それもこれも、チームを改革するため。強い集団を構築し、一年でも早くチームメートたちと優勝を味わいたかったから。

選手のみならず、マスコミに対しても怒ることだってありました。事実関係を把握せず、臆測だけで記事を書く。三振やエラーなどミスばかりを取り上げ、チームにとってプラスになる要素を伝えてくれない。そんな記事や映像を見るたびに、「お前ら記者なんだろ？　だったらちゃんと俺たちを見てくれよ」。さすがに、手を上げるようなことはありませんでしたが、高圧的に注意したことも少なくありませんでした。

「仕方がないことだけど、俺は多分、みんなから嫌われているだろうな」

本音を言えば、そう思ったこともありました。でも、彼らは僕のために泣いてくれた。

忘れもしない二〇一一年一〇月九日と、翌日の一〇日。

九日は僕が楽天球団から自由契約を告げられ、記者会見を開いた日でした。本来ならば、「自分の火を消せなかったので、現役を続行します」と笑顔でコメントしたかったのですが、僕の話を聞きながらスポーツ紙、テレビ局の記者が涙を流しながらメモを取っている。その姿を見た僕も涙が止まらなくなりました。

そして一〇日の退団試合。代打として登場した僕に大勢のファンが声援を送り、試合後のお立ち台では涙を流しながら退団を惜しんでくれた。

「このご恩は一生忘れません」。心から出た言葉でした。

その直後、チームメートのほとんどが涙を流しながら僕を胴上げしてくれたのです。嶋、鉄平、青山、小山伸一郎、中島俊哉《なかしまとしや》……たいして怒鳴ったこともないのに中村真人《まさと》も号泣してくれている。

「山﨑なんて早く辞めちまえ」。きっとそう思われていただろうと勝手に感じていただけに、最後の胴上げは意外でしたし、心の底から嬉しく、チームのみんなに感謝しました。

楽天での七年間は無駄ではなかった——。

心から組織の繁栄を願い、体当たりで後輩にぶつかり、叫び続ける。「俺たちはやらなきゃいけないんだ！」。その声は、必ず人に届きます。

第三章　プライドをとるか、スキルをとるか

不遇こそチャンス

人生、いい時期もあれば悪い時期もあります。

東北楽天ゴールデンイーグルス時代を除けば、僕にとっての「いい時期」とは、プロで初めて一軍定着を果たし一六本のホームランを記録した九五年から〇一年になるでしょうか。九六年には一軍でホームラン王に輝きました。翌年以降は中日ドラゴンズの主力選手として試合に出られるようになったわけですが、この時期ははっきり言って「来たボールを打つ」だけでそれなりの結果を残すことができた。「持って生まれた素質」と言ってしまえば自慢のように聞こえてしまいますが、要するに、センスだけで仕事ができていたのです。

「悪い時期」とは〇二年から〇四年までの三年間です。

中日時代の〇二年に山田久志監督、オリックス・ブルーウェーブ時代の〇四年に伊原春樹監督と起用法を巡り衝突したことで試合に出されなくなった。簡単に言えば「干された」わけですが、僕にとってこの時期は「暗黒時代」でした。

本音を言えば、「この三年間を思い出したくない」という気持ちもあります。ですが、現役の晩年になって冷静に振り返ってみると、確かに自分も相当なやんちゃを飛ばしたことが原因ではありましたし、何よりセンスだけで最低限の成果を挙げられていたことに慢心していたのかもしれません。

楽天に移籍してからの僕は、明らかに意識が変わったと思っています。

田尾安志監督、野村克也監督、ブラウン監督と理解力のある指導者と巡り合ったことで、それまであった「俺は今まで通りやっていれば大丈夫だ」といった何の根拠もないプライド、自分の驕《おご》りと真正面から向き合うことができ、基礎を学び、頭を使い、改めて野球を覚え、そして最終的には、野手では最年長（一三年時点）となる二七年もの現役生活を送れました。

長く仕事を続けていれば、誰にだって「暗黒時代」はあるでしょう。自分はこうしたい。でも、何をしても思うような成果を得ることができない。

でも、それはきっと、長く仕事を続けていくための「充電期間」なのです。

悪い時期と真正面に向き合い、それまでの自分の至らなさを理解する。そして、意識改革に努める。そうすれば、必ず新しい自分に出会うことができる。だからこそ、辛い日々を送っていても諦めずに仕事に励まなければならないのです。

晩年も基礎を学ぶべき

楽天に移籍した〇五年、初代監督の田尾さんに「お前には代打として頑張ってもらう」と告げられたことは第一章で述べた通りですが、田尾さんという方はとにかく自分が思ったことははっきりと部下に伝える上司でした。

「山﨑、お前、全然ダメだよ」

様子を窺《うかが》うような前置きは一切ない。いいならいい。ダメならダメ。ですが、僕にとって物事をはっきりと伝えてくれる田尾監督のやり方は非常に勉強になりました。

田尾監督からは数多くのアドバイスをいただきましたが、なかでも後の自分に大きな影響をもたらしてくれたのは「右足の重心移動」の重要性でした。

これは多少、専門的な技術論になってしまいますが、右バッターの自分にとって軸足となるのは右足です。極力そこに重心を置きながら、スムーズに踏み込む左足へと重心を移動させていく。実はこの技術、一流プレーヤーのみならず、一軍でレギュラーとなるような選手であれば誰でも理解し、実践している基礎中の基礎なのですが、それまで「来たボールを打つ」ことしか考えていなかった自分にとってそれは、目からウロコでした。僕のスイングは、スムーズではなく、ギッコンバッタンとしていたのです。〇四年までに通算二一ホームラン。実績はそこそこある。年齢だって二六歳。プライドもある。それでも田尾さんは、バッティング練習などで左足の踏み込みばかりを心掛けながら打っている自分に対して、「それじゃダメなんだよ」と何度もダメ出しをする。

いい年しての基礎練習には、正直、恥ずかしい思いもありました。我慢の限界を超えてしまえば、〇二年や〇四年のように緊張の糸がプツンとキレて、田尾監督に文句のひとつやふたつ言ったかもしれない。

でも、僕はそうなりませんでした。

まず、戦力外となり拾われる形で楽天にやってきたベテランの自分に対し、田尾監督は辛抱強く懇切丁寧に技術指導をしてくださる。その想いには感謝していましたし、何より、「自分は変わらないといけないんだ」と感じていたからです。

この時僕は、野球人生のどん底にいました。

「このまま楽天のユニフォームを着て一年間、プレーしたところで何も変わらないだろう。わざわざ東北まで来てシーズンオフに球団から『ご苦労さん』と肩を叩かれるのだけは嫌だ。今の俺には実力がない。何かを劇的に変えてみよう、ダメならダメでいいじゃないか」

暗黒時代を経験した僕は、自然とそういう意識になっていたのです。

今の自分に足りない要素は基礎。それまでの、右足に体重を乗せてミートの瞬間に思い切り左足を踏み込んで打つという自分のスタイルを崩さなければならないわけですから、右足重心の練習をすればするほどボールを強く叩けなくてホームランが打てなくなるような気がしてくる。それでも、僕に迷いはありませんでした。

「もう、ホームランなんて捨てちまえ」

そう割り切った僕でしたが、やはり基礎は大きな効果をもたらしてくれました。田尾監督のダメ出しを受けながらも丹念にバッティング改革に努めた結果、六月あたりから徐々にバッティングが向上し、シーズンでは二五本のホームランを打つことができたし、〇七年には四三本のホームランでタイトルを獲得することもできました。

基礎を学んだことは無駄ではなかったどころか、自分の野球人生を伸ばしてくれた。歳を重ねればプライドもあるし、「山﨑さんは今さらあんな練習しているよ」と後輩たちの目も気にするかもしれない。

でも、自分に足りないと思えば、何歳になっても基礎を学んで損はない。僕は〇五年の田尾監督の教えによって、そのことを身に染みて痛感したのです。

データ処理は意外に簡単

センスだけで野球をやってきた自分に頭を使うことの大切さを教えてくれたのは、いうまでもなく野村監督でした。

〇六年に野村さんが楽天の監督に就任してからというもの、連日のようにミーティングが開かれ、人生訓や「データ野球」の重要性をとことん選手に叩き込んでいきました。自分はといえば年齢も三七歳。正直、「めんどくせぇなぁ」と、あまりデータ野球を受け入れようとは思っていませんでした。

ところが、月日が経つごとに野村監督の人間性や理念に共感していくようになった自分は、監督のある言葉でデータ野球を吸収することを決意するのです。

「晩年になるにつれ力や反射神経は衰えていく。長年培《つちか》った技術で補おうといったってそう簡単にできるものじゃない。じゃあ、何で補っていくか？　頭しかないだろう。情報はないよりあったほうが絶対にいい。それを吸収した人間とそうでない人間とでは、ゆくゆく必ず差がついてくる」

野村監督は常々、「センスで野球をやっているようじゃ一流にはなれん」と言っています。早くからレギュラーとなり何度もタイトルを獲得しているような選手はいち早くそのことに気づいているものですが、残念なことにそれまでの僕には「頭を使う」という選択肢は全くありませんでした。

「データ野球」と活字や言葉にすると難しい印象を受けるでしょう。

配球の待ち方であれば1ストライクの取られ方。ストレートで空振りをしたのか、その空振りは自分にとってタイミングが合っていたのか？　一球一球、相手のデータを整理しながら狙い球を定めなければなりません。次の一球までの時間は一〇秒程度。最初は頭が混乱していましたが、データやその時々の配球を意識しながら打席に立つ日が増えると、不思議と自然に答えが導き出せるようになるものです。

背景には野村監督の寛容な姿勢もありました。

指導者とは往々にして完璧を求めるもの。自分の理想を選手に押し付け、失敗すると「なんでできないんだ？」と責め立てる。考えてもみてください。野球は打率三割のバッターが一流と呼ばれる世界。つまり七割は失敗してもいいことになります。

野村監督はそれを分かってくれていました。だから、狙い球が外れてアウトになった打席でも「しゃあない、次だな」と尻を叩き、「三振してもいいけど見逃しだけはするなよ」と鼓舞してくれるのです。そのような監督の寛容な心によってデータ野球を吸収していった自分は、いつしか野球が簡単に思えるようになりました。〇六年以降に打った一六七本のホームランはまぎれもなく野村監督が打たせてくれたものでした。

僕は今になって思うのです。「もし、もっと早く野村監督と出会っていたら」と。もしかしたら、二〇〇〇本安打、五〇〇ホームランをクリアできていたかもしれない……。ちょっと悔しい気もしますが、実際にはそうならなかったでしょう。

若いときの僕は自信の塊。上司であっても人の意見を受け入れず、自分の力だけに頼っていたと思います。もしかしたら野村監督と衝突していたかもしれません。

昨今の世の中はデータ化が急速に進んでいます。

スマートフォンの普及によりインターネットの用途も多様化しています。吸収能力のある三〇代ならば順応できるかもしれませんが、五〇代となると若い時代のやり方が染みついているため、なかなかデータ処理業務に対応できない方も多いことでしょう。

そんな皆さんはこう考えてください。「山﨑でもできたんだ」と。

自分の才能を疑わず、上司にも散々楯突いてきた僕でも野村監督が標榜するＩＤ野球を吸収することができたのです。

リタイアまであと一〇年だからこのままでいい。そう考えるのではなく、「まだ一〇年もある」と捉えれば様々な知識を吸収することができる。新たな可能性が開けるかもしれないのに、心の扉を閉ざしてはもったいないではありませんか。

裏方こそ最大の師

若い時から他人の意見を完全にシャットアウトしていたわけではありません。その時々で人の意見に耳を傾けることだってありました。

オリックス時代であれば、〇三年のシーズン途中から石毛宏典《ひろみち》監督のあと監督代行となったレオン・リー。彼は現役時代に日本でプレーしていた経験もあったことから、日本人の気持ちを理解し、尊重してくれた指導者でした。レオン自身、プレーヤー時代はホームランバッターだったことから、僕に長打が減ってきている時期などにはよく声をかけてくれたのです。

「山﨑。ストレートの反応が少し遅いな。最近、打球もあんまり飛んでいないみたいだし」

だからダメだろう――。もし、そう頭ごなしに言われたのならば反発していたでしょうけど、レオンは違っていました。

「三〇歳も半ばに差し掛かればそんなこともあるさ。ちょっと鍛えるところを変えるだけでだいぶ変わってくると思うんだ。迷いが生じたらいつでも私に聞きにきてくれ」

仕えた期間は半年程度と短かったですが、僕にとってレオンはプロ野球人生における恩人のひとりです。

他人の意見を聞き入れる。それは必ずしも上司や先輩だけとは限りません。楽大時代にバッティングピッチャーを務めてくれていた部坂《へさか》俊之の意見もよく取り入れていました。

自分より年下のバッティングピッチャーというのは、相手に気を遣うあまりなかなか思い切ってボールを投げられないものですが部坂は平気で内角にも投げてくる。しかも、「山﨑さん、今日はバットのヘッドが下がっていましたよ」といった具合に、年下のくせにどんどん技術的な指摘もしてくる。

でも僕は、部坂に対して「なんだこいつ、偉そうに」と全く思いませんでした。むしろ、「俺のことをよく見てくれているな」と感心すらしていたくらいです。

部坂から貰った数々のアドバイスは、今後、自分が指導者になった際に役立つ要素が多く詰まっていました。

バッティング練習で最も選手を見ているのは誰かと言えば、監督でもコーチでもなくバッティングピッチャーです。一日一〇分程度。バッターに向かってボールを投げ続けている彼らは、腰の開きやステップの位置など、バッティングケージの後ろや横からでは知ることができない変化に気づくことができる。僕は、それを分かっているからこそ、部坂を「裏方」としてではなく大切な練習パートナーとして素直に意見を聞き入れました。自分が指導者になったらバッティングピッチャーの目線で選手を教えていきたいです。

イノベーションの間違い

数多くの外資系企業が日本に進出するようになってしばらく経つでしょうか。

みなさんがご存じの通り、僕は一般企業に就職した経験がないので内部事情までは分かりませんが、外資の方針は実に合理的で、役職や報酬にしても日本の企業のような年功序列や経験ではなく実績が重要視されます。

成績が良ければしかるべきポストと報酬が与えられる。ダメなら減給。最悪のケースではクビになることだってあるでしょう。完全なる実力社会。まるで、プロ野球の世界ではありませんか。

そうは言っても、日本のプロ野球は未だ封建社会です。

ＦＡ制度やポスティングシステムなど、プロ野球全体のシステムは日本野球機構（ＮＰＢ）ではなく各球団のオーナーたちが決め、チーム単位でも監督ではなくオーナーや社長が実権を握っている。「アメリカ野球に追いつき追い越せ」とは昔から言われ続けていることで、ＦＡ制度や統一球など表面上ではメジャーリーグの真似をしようとしているかもしれませんが、どうにもポイントがずれている。そう僕は感じています。

メジャーリーグの合理主義を日本のプロ野球はどう捉えているのか？　例えば、ＦＡ制度ひとつとっても、「とにかく力のある選手を獲得すれば強くなる」と単純に考えられていますが、果たしてそうでしょうか？

補強というのは、読んで字のごとく「補って強くする」ことです。

メジャーリーグの場合、ヤンキースならば、前年に先発を務めていたアンディ・ペティットが引退したため数が足りなくなったことで即戦力の田中を獲得した。他のチームにしても、外野の三つのポジションは固まっているけど故障者が出たときのためにレギュラー争いができそうな選手を補強するといったように、それぞれ明確な意図があります。

しかし、日本はどうか？

一四年にソフトバンクが約三〇億円もの資金を投入して人型補強を敢行しました。オリックスから主砲の李大浩《イデホ》、阪神からジェイソン・スタンリッジ、日本ハムからブライアン・ウルフ、西武からデニス・サファテ……。彼らは日本で実績を挙げた選手ですから、当然のようにチームから重宝されるでしょう。その一方で、レギュラーポジションを摑みかけている若手たちは確実に活躍の場を奪われることになります。

巨人にしてもそうです。中日から井端、西武から片岡治大《やすゆき》を獲得したことで、長年の懸案事項だったセカンドが固定できる。そうすると、一三年に実質レギュラーとして機能した寺内崇幸《たかゆき》や若手の中井大介、藤村大介の立場はどうなるか？　チームとしては「実力至上主義」と謳《うた》ってはいますが、井端や片岡が優先的に試合に出るのは自明の理。寺内や中井、藤村がどういう心境か分かりませんが、起用法によっては腐る選手だって出てきます。

プロ野球のみならず、日本の組織の美徳のひとつとして「功労者には最大限の敬意を払う」という点が挙げられます。

僕自身がそうでした。

〇二年にケンカ別れのような形で中日を去ったにもかかわらず、楽天を戦力外となった一一年に球団は「戻ってこい」と両手を広げて迎えてくれた。それどころか、二年間、たいしてチームに貢献していなかったにもかかわらず、盛大な引退試合まで用意してくれました。

どのような社会であれ、最終的に人間の心を突き動かすのは理屈ではなく感情です。自分が残した実績に対して最大限の敬意を払ってくれさえすれば、「俺はこの組織にいて本当によかった」と思えるものです。

強い組織を構築したいから実力のある人材を数多く揃える。方法論としては間違っていませんが、生え抜きの人間たちの想いを尊重しなければ、それは本当の意味でのイノベーションとは言えません。会社を作るのは人です。血が通っていなければ組織に成長などあり得ません。

中高年リーダーの条件

上司への好き嫌いの基準は、人それぞれかもしれませんが、「絶対に嫌われない上司像」ならはっきりと伝えることができます。

それは、常に動いてくれる上司です。

勤務時間中、「あれやれ、これやれ」と部下に指示だけを伝え、ずっとデスクでふんぞり返っているような人間であれば、いくら仕事ができても部下からはあまり慕われないでしょう。ちょっとした打ち合わせでも「俺も一緒に行ったほうがいいか？」とサポートし、誰よりも残業する。かといって、「俺が帰るまでお前たちも帰ってはいけない」といったような理不尽さもなく、「早く帰れるなら帰れ」と帰宅を促す。いくら役職があるとはいえ、四〇、五〇代はまだまだ動けます。言葉ではなく背中で見せる上司に部下は惚れるのです。

近年のプロ野球界でリーダーと呼べる選手に、一二年に引退したソフトバンクの小久保裕《ひろ》紀《き》と一三年に引退したヤクルトの宮本慎也がいました。

僕は彼らとチームメートになったことがありませんから深い人間性まで理解しているわけではありませんが、ふたりはとにかく練習をしたし、怪我をしていても試合に出場するなど背中で後輩たちを引っ張ってきました。

背景にあるのは責任感です。彼らは野球を通じ日本を背負ってきました。

小久保は青山学院大時代の九二年にバルセロナ五輪を経験し、宮本も〇四年のアテネ五輪、〇六年の第一回WBC（ワールド・ベースボール・クラシック）に出場し、〇八年の北京五輪ではキャプテンとして日本代表を支えました。それだけに、野球が国民に与える影響力を痛感している。「自分が野球に対して不真面目ではいけない」と克己《こっき》しているため、誰よりも練習をしていたのです。

極端に言えば、野球が第一。「金もうけの手段」のみとして野球界に携わる人間が意外にも少なくありませんが、小久保や宮本は野球と真摯に向き合ってきた結果、お金も名声も得ることができた人間といえるでしょう。

野球を裏切りたくなければ組織に迎合してはいけません。そういう視点から言えば、工藤公康さんも素晴らしい信念をお持ちです。

一一年のオフにＤｅＮＡの監督要請を受けながら最終的には断りましたが、大きな理由として「自分と一緒に動けるスタッフとやりたい」といった条件を球団サイドに呑んでもらえなかったからだそうです。僕は、工藤さんに真の男を見ました。

工藤さんは、「監督の仕事は自分の意思を明確にコーチ陣に伝え、細部に至るまで共有しながら戦っていく」という監督像をお持ちの方。つまり、監督である以上、誰よりも動かなければならない、と考えているわけです。それを実現できない以上、理想的なチーム運営はできない。そう懸念したからこそ、監督要請を断ったわけです。

一般社会でも役職など関係ありません。本当に仕事のことを想い、組織の繁栄を願えばこそ自然と体は動くでしょうし、そうなれば、必然的に下の人間も慕ってくれるのだと僕は信じています。

会議は「不毛で退屈」なのか

世の中には様々な業種があるので、読者のみなさんが日々、どのような仕事をしているのか、すべてを理解することはできませんが、なかにはため息が出るような業務もあることでしょう。

そのひとつに、会議があるのではないでしょうか。

週に一度、あるいは毎日行われる会社もあるかと思います。それぞれの部署で大事なプランなどを決める重要な仕事ではありますが、侃々諤々《かんかんがくがく》の意見を交わすだけでその場で決定することが少ない。会議室に何時間も缶詰め状態で精神的にも肉体的にも疲労が溜まり、「うんざりだ」と感じたことも多々あることでしょう。

プロ野球の世界でもシーズン中になると毎日ミーティングが行われます。勝つための戦術を練るなど大事な時間ではありますが、基本的に体を使うことが仕事である選手にとってははっきり言って苦痛でもあります。

自分の経験から言わせてもらえば、野村監督時代の楽天のミーティングは長いことが多かった……。

監督は当時、すでに七〇歳を超えていたので社長や重役のように、組織の基本方針から社会人としての在り方を滔々《とうとう》と述べられていたわけですが、自分のなかのスイッチが入ると何時間でも平気で話していたものです。

「はぁ……今日もなげぇな。眠たくなってきた。早く終わらないかな？」

人生の恩師である野村監督に対して失礼極まりないですが、「野村ミーティング」中の僕は、常にそんなことを思いながら話を聞いていました。

ただ、ミーティング中、ずっと苦痛だったかというとそうではありません。

野村監督は細かい性格で、物事を丁寧に伝える方ですから前置きが長い。でも、例えば、「だからな、人というのは……」といったように核心に迫る言葉を発しようとしたときには集中して監督の話に耳を傾ける。

「だからな、人というのは、自分で評価を決めてはいかん。自分の評価は他人が決めるものだということを忘れてはいけないんだ」

人間の集中力というのは、自分が想像している以上に長くは続かないものです。野球選手にしても、解説などで「打席で集中していますね」とは言われるものの、当の本人が集中している時間はせいぜい五秒から一〇秒程度。それ以上、ピッチャーがボールを投げてこなければ気が散ってしまい、タイムをかけて打席を外すものなのです。

社会人だってそうでしょう。集中してパソコンで作業をしていたとしても、大きな物音がすればそちらが気になるし、同僚から声をかけられれば反応する。それと同じです。

ですから、「退屈だな」と思う会議はずっと集中していなくていいと僕は思っています。役員などから「話を聞いているのか？」と突っ込まれない程度に話を耳に入れておく。決定事項など重要な話題に入ったら、頭を切り替えて話に集中する。時間にして数十秒の作業です。それをできない人間など皆無のはず。会議での内容があまり頭に入っていないということは、ずっと話を聞きもらさずに聞こうとするからではないでしょうか。

会議ではきっと、同じような話を何度もする上司や役員がいるかと思います。それも、「大事なことだから」と聞き続けていれば頭にインプットされる。僕自身、野村監督の数々の訓示をそのようにして脳裏に焼き付けてきました。

でも、やっぱり会議は短いほうがいい。「みんなが集まる場だからこそ話すべきことは話したい」と思う管理職の気持ちも理解できますが、若い社員はそうは思ってくれません。要点だけをはっきりと伝え、社員たちの意見を素早く聴取して結論を出す。そのほうが建設的ですし、部下たちから「会議が苦痛だ」と敬遠されずに済むのではないでしょうか。

上司を「食わず嫌い」しない

近年、プロ野球の世界では、現役時代の実績でコーチの実力を判断してしまいがちな悪しき風潮が広がりつつあります。

あるバッティングコーチが通算で一〇〇〇本もヒットを打っていない。

「じゃあ、現役だけど二〇〇〇本近くヒットを打っている山﨑さんの意見を取り入れたほうがいいんじゃないか？」ということも多い。

一般社会でも「大企業」という金看板があれば、消費者は安心して商品を購入できるかもしれません。ですが、二〇一三年に一流ホテルで食品偽装が蔓延《まんえん》していた事実が明るみになったことからも分かるように、今やその「金看板」の信用度も危ぶまれています。

コーチになる人間には理由があります。

二〇〇〇本安打など実績が豊富だった人はもちろん、輝かしい成績を残せなくても現役時代から後輩たちの面倒をよく見たことで人柄を評価され、首脳陣として迎えられる人間も数多くいます。もちろん、監督や球団の幹部に媚びへつらって招かれる人も残念ながらいることも事実です。

選手たちが認識しなくてはいけないことは、どんな経緯で指導者になったかは彼らには全く関係のないということ。

なぜなら、選手を起用するのは監督であり、「誰を試合に出すか?」を進言するのはコーチだからです。

現代は情報社会ですから、雑誌やインターネットなど様々なツールから有意義な情報を仕入れることができるため、若い選手の知識は、僕たちが二〇代だった頃に比べるとはるかに優れているといえるでしょう。

頭でっかちになりすぎてコーチの意見に耳を傾けなければ、「あいつは俺の言うことを聞かない」と試合に出されなくなることだってあるわけです。才能に恵まれているのにコーチの意見を聞かないばかりに干され、現役生活を短くした。そんな選手を何人も見てきました。

僕はコーチ経験がありませんが、年配者としてさらに付け加えれば「それは分かっているんで」と言いながら、「じゃあ、やってみろ」と指示してできた若手など誰ひとりとしていませんでした。体や技術が頭に追いついていないのです。

だからこそ、まずはどんな形であってもコーチの意見に耳を傾けてみる。

コーチだって給料を貰っているわけですから、「選手を育てた」という明確な実績を残さなければクビになります。つまり、指導者だって選手を陥れるために物事を教えているわけではない、ということを認識しなければなりません。

コーチからすれば、プロ一、二年目ほどの若い選手は「何が正しくて、何がダメなのか？」といった分別を冷静に判断できません。その一方で、「こいつらは知識がある」ということは彼らだって分かっています。だからこそ、まずは技術的な要素よりプロ野球選手、ひいては社会人の在り方など人間性を懇々と指導する。ひとつの組織で生き抜いてきた人間の言葉には、それなりの重みがあるのです。

指導者になるような人間はどんな経緯であれ、厳しい世界を生き抜いてきたことは事実。そんな人たちの意見に耳を傾けたほうが得だと、僕は思うのです。

山﨑流「自己啓発本」の読み方

僕はこれまで何冊か本を出させていただきました。なかには、自己啓発的な要素を含んだ内容の著書もあります。

読解力のある方であればお気づきかもしれませんが、お恥ずかしい話、山﨑武司は世間一般的な「自己啓発書」と呼ばれる本を一冊も読んだことがありません。

言い訳を承知で弁解させてもらえば、読まない理由はいくつかあります。

まず、「誰が読んでいるのか？」ということが知りたい。いくらベストセラーでも、僕が知らない不特定多数の人たちが「素晴らしい」と絶賛したところで説得力を感じない。仮に一万部も売れていないような本でも、僕が信頼を置く人生の成功者から「この本は人間の心理をよく描写している」と教えられれば、「もっと教えてください」と興味を抱き、本を読むことよりもその人の書評や読後感を参考にしています。

あとは、「誰が書いたか」によっても読者の印象は変わってきます。これは、著者・山﨑武司の意見ですが、どんなに的を射た素晴らしい内容でも、著者のパーソナルデータが広く知れ渡っていなければ、きっと共感する人も少ないかと思います。

ただの野球経験者が野球教室を開いても子供たちはあまり共感しないかもしれませんが、「プロ野球選手・山﨑武司」としてユニフォームを着て指導すれば、彼らは目を輝かせながら僕の話に耳を傾けてくれる。現金な表現ではありますが、残念ながらそれが現実なのです。

有名人だからこそ、その人間の知識や行動が必然的に共感されやすくなる。

例えば、僕が主催するパーティで予算がどうしてもオーバーしてしまう。でも、招待客に「山崎はケチだ」と思われたくない。そんなときは、自腹を切ってでも超過した費用をカバーする。僕はそんな人間ですが、それを本で書いたとすれば「山崎は豪快だな。見習いたい」と思われるかもしれません。ただ、無名の人間が同じようなことをすれば、ただの「見栄っ張り」で終わる可能性も往々にしてあるわけです。

僕の著書では、「できることなら、自分がしてきたことの真似をしてほしくない」と書いていますが、そのなかにおいても、ひとつくらい参考にしてもらえる要素があれば嬉しいと思いながら毎回、筆を執っています。

他の著者を否定するわけではありませんが、自己啓発本と呼ばれる本を読む際には「この人が言っているんだから」とネームバリューに捉われることなく、「この考えは違うと思うな」「これは参考にしてみようかな」くらいの軽い気持ちで読んだほうが、内容もすんなり受け入れられるのではないでしょうか。

結局のところ、いくら頑張って何冊も自己啓発本を読んだところで、できないことはどうやってもできないもの。成功者の哲学に触れたところで自分も成功できるとは限らないのです。

ルールを批判するより適応を

一九九一年五月九日の横浜大洋ホエールズ（現・横浜ＤｅＮＡベイスターズ）戦で、田辺学さんからプロで初めてホームランを打って以来、僕は豪快なアーチの魔力に魅了されました。

ホームランは一瞬で球場全体の雰囲気を変えてくれる。ファンやチームメートはもちろん、ダイヤモンドを一周している間は全員が自分だけを見ていてくれる。「この空間は俺だけのもんだ」。ホームランはいわば麻薬のようなもの。その一発を打ちたいがために努力を重ねてきたと言っても過言ではありません。

その麻薬を強制的に奪われてしまったのが、二〇一一年でした。

この年から「飛ばないボール」と呼ばれる統一球が導入されたことによって、全体的にホームランが激減したのです。

僕のようなホームランバッターは、変化球でタイミングが外されようがバットの芯でボールを捉えられなかろうが、誰よりも多くホームランを打つことが求められます。しかし、一一年は技術向上に励んでも頭脳を駆使しても物理的に長打が生まれない。

そこでホームランの麻薬に取りつかれたまま、「何が何でもホームランを打ってやる！」と力んでしまっては本末転倒。バッティングそのものすら見失いかねません。「郷に入っては郷に従え」ではありませんが、僕はチームの勝利を優先し、「ホームランを打てなくても、四番として打点を多く稼げればいいや」といったプラス思考に努めるようにしました。

結果的にこの年は故障もあって一一本のホームランに終わりました。その後、引退までの二年間で一ホームランと、統一球に適応できたかといえばそうではなかったかもしれませんが、決められたルールで結果を出せなかった自分に責任があったのだと割り切っています。

ところが、一三年の六月にNPBが秘密裏に統一球を偽装していたことが発覚し、プロ野球界を震撼させました。

この事件は選手に対する冒瀆《ぼうとく》以外の何ものでもありません。NPBの独断行為でどれだけの選手が大幅に給料を下げ、あるいは引退を余儀なくされたと思っているのか？

僕たちはプロです。決められたルールであればそれに従うし、数年後には必ずボールに適応する自信を持ってプレーしていただけに、彼らの憤りは計り知れなかったことでしょう。

当時、コミッショナーを務めていた加藤良三氏のリーダーとしての資質を僕は疑います。

第三回WBCでは監督人事を一任されながら、現場との意思疎通を図れず混乱を招いただけでしたし、統一球にしても「国際大会仕様」という名目で導入したにもかかわらず、偽装の事実が明るみに出ると「私は知らなかった」と責任逃れをしてバッシングを受けるなど、実に場当たり主義なコミッショナーでした。

朝令暮改のトップでは組織は成り立ちません。プロ野球も大企業も、日本の看板を背負っている組織だからこそ、自分たちの言動にしっかりと責任を持たなければ繁栄などあり得ないのです。

下手でも不器用でも諦めるな

僕は、遅咲きの選手でした。

一軍デビューは三年目。レギュラーとして試合に出られるようになったのは九年目からです。プロ野球選手の平均寿命は八、九年なわけですから、この間にクビを宣告されなかったのは運がよかったのかもしれませんが、ひとつだけ生き残れた理由を挙げるとすれば「何度でもチャンスにしがみついてきたから」でした。

僕はキャッチャーとしてプロに入りましたが、お世辞にも優れた選手ではありませんでした。三年目の八九年一〇月一五日の広島東洋カープ戦で、正田耕三さんに五盗塁を許し、結果的に一試合六盗塁のプロ野球記録を作らせてしまうなど欠陥ばかりが目立っていました。

それでも僕は諦めなかった。「俺はまだチャンスを貰えていない」と自分に言い聞かせ、たまには愚痴を言ってしまうこともありましたが、走り込みなどコーチに課せられたスパルタ的なフィジカルトレーニングにも耐えてきましたし、バッティングに自信を持っていましたからひたすら素振りを続けました。

一軍で活躍できる選手は、与えられたチャンスをものにしてきたから。

よく、「チャンスは少ない」と見る向きもあるでしょうけど、僕に言わせればチャンスなんていくらでもあります。大切なのは、「チャンスを得る権利を自分で作れるかどうか？」です。

実力がない。仕事の要領が悪く、人から不器用だと言われる——。結構ではありませんか。悲観する必要など何ひとつありません。自分自身で「俺にチャンスをくれ！」と念じ、そのための努力さえ怠らなければ、必ず誰かは見ているものです。どんなに小さな仕事でも、「最近、頑張っているからあいつに任せてみよう」。そう、役割を与えてくれる上司は絶対に現れます。

少ないチャンスをものにできればいいですが、結果を得られなくともチャンスに食らいついていくことこそが成功するうえで大切な要因だと僕は思います。

逃げたくなったら逃げよう

「現実から目をそむけずに壁を乗り越える努力をしろ」

社会人なら誰かからこのようなことを言われた経験が少なからずあるのではないでしょうか。この激励は正論ではありますが、はっきりいって僕には無理です。というより、人間そこまで完璧にはできていません。根本は弱い生き物なのです。

だから、僕は「逃げたいなら逃げればいいだろ」と言いたい。

自分自身、逃げた経験など何度もあります。

〇四年にオリックスを戦力外となり楽天に入った当初は、「俺の野球人生は一年一年だから頑張っていこう」と自分に言い聞かせましたし、その想いは消えることがありませんでした。しかし、レギュラーとして試合に出る日が続くとどうしても甘えが出る。不退転の決意も時として鳴りを潜め、「練習なんかやりたくねえ」とサボった日だって数多くありました。

細かい部分で言えば、シーズン中などは何度も逃げました。

チームが連敗している。自分だって何試合もヒットを打てていない。そんなときは決まって気晴らしのため外食したり、オフの日に遠出をしたりしたものです。

でも、どうしても気分が晴れない。トイレでひとりになった時。布団に入った時。自然とため息が出る。「はぁ……全然楽しくないや」。そう。どれだけ逃げても最終的に「逃げてはいけない」ことに気づくのです。

仕事でも恋愛でも、その悩みは結局のところ原因の元でしか解決できない。それなのに、「現実から目をそむけるな」とプレッシャーを与え続けられれば誰だって反発したくなるし、最悪の場合、人生に大きなダメージを負いかねません。

「無理がきく」という言葉もありますが、無理なものは無理なときだってあります。

四〇、五〇代で会社でも明確な立場がある。だから、下の人間たちに示しを付けるために克己しなければならない。立派な考えですが、たまには「俺も歳なんだから肩の力を抜いてみるか」とだらしない自分と向き合ってみてはいかがでしょうか。それは怠惰でも妥協でもなく、勇気ある逃げだと僕は感じます。

逃げるだけ逃げる。そこで少しでも心がリフレッシュされればなおよし。そうでなくとも、「そろそろ頑張ってみるか」と重い腰を上げる努力をするだけでいいのです。

第四章　四〇歳を超えたら鍛えるよりも、体と頭と対話しよう

「病は気から」は本当か

経験とは何も、実務のスキルだけに反映されるものではありません。体調をコントロールすること。これも、長年の経験から養える大事なスキルです。

僕自身、二七年ものプロ野球人生を全うできた背景には大きな怪我をしなかったことがあります。これは、丈夫な体に生んでくれた両親に感謝すべきことではありますが、それに加え、自分で体調をコントロールできたからだと思っています。

例えば、手首付近にデッドボールを受けた。試合後、病院で診察を受けると骨折はしていないようだ。その晩はアイシングをして患部を冷やすなど治療に努める。翌日、まだ手首に痛みは残っているけどバットを振れないレベルではない。監督やコーチから「大丈夫か？」と聞かれれば「試合に出ます」と答える。

それは、プロとして当然のことです。「痛みに強い」。一四九二試合連続フルイニング出場の世界記録を樹立した、元阪神タイガースの金本知憲《ともあき》などはよく言っていましたが、「痛くない、と思えば痛くないもの」。まさにその通り。

さらに付け加えれば、「痛くない」と思えるような管理をする。

これを一般社会に置き換えれば、風邪などはいい例ではないでしょうか？　朝起きたら体がだるい。悪寒がする。ちょっと熱っぽい……今日は休んだほうがいいな。果たして、仕事が全くできないような症状なのでしょうか？　精神論と言われればそれまでですが、少しぐらい体調が悪くても「俺は会社に行く」と自分に言い聞かせ、それこそ気合で乗り切ればいつしか体内に耐性が生まれ、少々の体調不良では動じない体が作れる。僕はそう思うのです。

それができない人はどうするか？　それこそ、日頃の体調管理を怠らないことです。

僕が懇意にしている中日ドラゴンズの山本昌さんなどいい例です。五〇歳までの現役を目指す彼は、少しでも体調に異変を感じれば風邪薬や栄養ドリンクなどを飲みながら事前のケアに努め、睡眠だってしっかりとるようにされている。

些細なことかもしれませんが、ケアを怠らない山本さんだからこそプロ野球選手最長を更新する三〇年以上も現役でいられるのです。

中高年はウォーキングを

ランニングがブームの昨今。「健康のために」と走り始めた四〇代、五〇代は多いのではないでしょうか。

非常にいい傾向だと思いますが、無理をしていませんか?「走らなければ」という強迫観念によって「健康のため」といった当初の目的が失われてはいませんか? もし、少しでもそう感じているのであればランニングはやめたほうがいいでしょう。

僕自身、四〇歳を過ぎたあたりからあまりランニングをやらなくなりました。

プロ野球選手の場合、シーズンに入ってしまうと本格的なトレーニングに時間を割くことができないため、一年間の基礎を作るのは一月の自主トレや二月からのキャンプになります。三〇代までは体力もあるためランニングやダッシュ、その他のフィジカルトレーニングを徹底的に行ってきました。年齢的に多少の無理もきくわけですが、四〇歳を過ぎたあたりになるとそういうわけにもいかなくなります。

年々、体力は衰えてくるし、少しでもハードな練習をしてしまうとすぐに体が悲鳴を上げてしまう。要するに、トレーニングにも限界を感じてくるわけです。

それを認識したとき、僕が取り入れたトレーニング方法はウォーキングでした。

僕のようなベテランになると二月のキャンプでは過度な練習を強制されなくなるので、一月の自主トレである程度の体力をつけ、体を柔らかくしておく必要がある。ただ、ダッシュやランニングばかりに比重を置くと大事なキャンプ前に故障する可能性がある。その点、ウォーキングはいくらこなしても故障しない。

自主トレではひたすら歩きました。ハワイの宿泊先のホテルから練習をする球場まで四、五〇分、毎日徒歩で往復する。球場でも二キロ程度歩き、ホテルに戻り外食する際も現地まで歩いて向かう。「一日一万歩」もこなせば上出来だと言われていますが、僕は「一日四万歩」を目標にしていました。徹底的なウォーキングは体を柔軟にしてくれるので、時にランニングやダッシュを取り入れても違和感なく体が動くようになるのです。

一般の方もそれくらいの量をこなさなければダメだ、と言っているのではありません。四〇、五〇代にもなれば誰かから「こうしなさい」と命令されることも少なくなるでしょうから、仕事でもプライベートでも自分で裁量をしなければなりません。だからといって、「ここまでしなければならない」と無理をしてはダメです。「一日一万歩」ならそれを日々意識すればいい。時間にして一日三〇分でも十分でしょう。

大事なのは「逃げ道を作ること」です。

ウォーキング、ランニング。どちらでも構いませんが、一週間のうち一日、一日は休みを作る。あるいは、一日のメニューのうち「二〇分はちゃんと走って、残りの一〇分は歩いてもいいかな?」といったように、比較的、軽い気持ちのほうが継続しやすいと思います。「周りのみんながランニングを始めた」からではなく、体を鍛えたいのであれば自分に合ったトレーニングを冷静に見定めてから始めても遅くはないと思います。

自由は難しい

僕は現役時代、ふたりの外国人監督の下でプレーした経験があります。

オリックス時代の〇三年に監督代行を務めたレオンと、楽天時代の一〇年に監督となったブラウンですが、彼らには大きな共通点がありました。

それは、選手に自由を与えること。

結果が伴えば過程は気にしない。特に、ブラウンはその典型的な指揮官でした。

一九九二年から九四年までの三年間、広島でプレーし、監督としても〇六年から〇九年まで指揮を執っていたことから、機動力中心の日本の細かい野球に造詣《ぞうけい》はありましたが、そういった特色に捉われることのない自由奔放な指導方針が僕は好きでした。

ブラウンの理念は単純明快。「野球は自分で考えてするものだ。結果を出せる自信があるのであれば練習方法や調整は好きにしていい」と言い、「三振なんていくらでもしていいんだ。次にしないように努力をすればいい」とミスにも寛容な姿勢を見せていました。

何より個人的に驚かされたのが、「野球を楽しめ」といった考え方。ヤクルトの宮本慎也が引退会見で、「プロとなり野球が仕事となった瞬間、楽しくなくなった」と振り返ったように、僕も同じような意見を持っていました。

それでもブラウンは、僕を個人的に食事に誘っては「みんなもっと楽しんで野球をやったほうがいいと思うんだ。それで結果を残せればハッピーじゃないか」と、それこそ楽しそうに話してくれました。

彼の真意を少し理解できたのは一〇年のシーズン終了直後でした。この年の楽天は最下位。ブラウンは一年でチームを去ることとなったのです。

前年までは野村監督の下、データ野球や人間育成を徹底的に叩き込まれたことで、〇九年には球団史上初のAクラスの二位となり結果を出すことができた。戦力だってほとんど変わっていないのに、なぜ翌年には最下位に逆戻りしてしまったのだろう？

嶋基宏は野村監督時代にキャッチャーとしてのイロハを叩きこまれたことで、ブラウン監督下ではそれをうまく応用させることができ飛躍した。聖澤諒《ひじりさわりょう》も同じように磨き続けた走塁技術を発揮することができた。

ですが、ほとんどの選手が極端な話、「自由」「楽しむ」という意味をはき違えていた。自分勝手に野球をしてしまったのです。

自由や楽しさ。その言葉を純粋に受け取れば心地いい響きです。しかし、実社会においても若手、ベテラン関係なくその意味を理解し、実践できる人間は稀《まれ》といえるでしょう。

キャリアを積んだ社員であれば、自由に仕事を任されればやりがいも生まれるでしょう。ただ、結果が出なかった際、「自由にしていいと言われたから」と上司のせいにしてはいけません。

上司が代われば職場環境や仕事の内容が変わるのは当然のこと。だからこそ、どんな上司、方針であっても常に自分を持って仕事に打ち込まなければならないのです。

ダイエットは簡単なやり方で

僕は、練習が大嫌いでした。

キャンプやシーズン中の練習は、チームで決められたメニューをこなさなければならないためサボることはありませんが、自分との戦いに苦しむのがシーズンオフ。プロ野球選手は、一月上旬から始める自主トレに向けて徐々に体を動かしていかなければならないのですが、僕の場合となるとなかなかそういうわけにもいきません。

「元日はゆっくり休んで、二日からランニングを始めるぞ！」

年明け早々、家族にそう宣言する。翌日。起床して窓から外を眺めると雨が降っている。

「よし、今日は天気が悪い！　明日からやろう」

ある年、ラジオの正月生番組に出演した際、パーソナリティの方に「二日から始動すると言っていましたが」と聞かれると、悪びれもせずに「いえ、小雨が降っていたので明日から始めようと思います」と言い放ったのですが、それを自宅で聞いていた妻に苦笑交じりで「あなた、あれはないよ。みなさんに『やります』と言ったんだからやらないと。プロなんだから」と説教される始末。それほど、僕の練習に対する意識は低かった……。

そんな自分でも、「やらなければいけない」と前向きに取り組んでいることがありました。

体を絞ること。一般的に表現すればダイエットになります。

四〇歳を過ぎると、少しでも不摂生な生活が続けば体重はすぐに増えます。晩年のベスト体重は一〇〇キロ前後。「ちょっと太ったかな？」と気づいたときに体重測定をすると、決まって一〇キロ近く増えている。体重が増えれば増えるほど下半身にも負担が増し、パフォーマンスに影響を及ぼしてしまうので、そうなったらストイックに減量します。

とはいえ、僕にとって「ストイック」とは、一般レベルではビギナークラスほどの簡単な内容です。

大好きなコカ・コーラを絶つ。あとは食事。炭水化物や糖質類を控え、野菜や魚中心の食生活へとシフトします。

ただ、あまりにもダイエットを意識しすぎてしまうと体がだるくなる。免疫力が低下し、風邪など病気をしてしまう恐れもあるので、週に一日、二日は甘えた生活をします。コーラが飲みたければカロリーゼロ。肉が食べたければ牛や豚ではなく鶏にするなど、ストレスをかけない範囲内で減量に努めるわけです。

僕の場合、体重そのものが重いですから一〇キロ程度であれば一〇日や二週間ほどで減ります。最後の数年間は、そのような作業を繰り返しながら体重維持に努めてきました。

サラリーマンの方も、四〇歳前後になるとメタボリック症候群などで悩み始める方も多いでしょう。ですが、過度なダイエットは禁物です。時に自分に甘えながら、最低限の減量をする。それくらいがちょうどいいと思います。

仕事で家族を泣かせない

プロ野球の世界とは面白いもので、活躍できなければ当然のように選手はファンに叩かれますが、場合によってはそれ以上に家族が非難を浴びせられることも多々あります。特に奥さんは、「夫をちゃんと管理していない」「お前のせいで活躍できないんだ」などと、いわれのない誹謗《ひぼう》中傷を受けます。

結婚をしている選手であれば家族を非難されることが何よりも悲しい。「活躍していないのは俺なんだから、言いたいことがあるなら全部自分に言ってくれ。家族を巻き込まないでくれ」。そう、心の中で悲痛な叫びを繰り返しているものです。

僕もそうでした。オリックス時代の〇三年から楽天を退団するまでの一一年まで九年間、単身赴任生活をしていましたから、活躍できない時には「家族は大丈夫だろうか？」と気になったものです。遠征などで自宅に戻った際など、「特に何もないか？」と尋ねますが、妻をはじめ、息子と娘も「別にないよ」と明るく振る舞ってくれることが多かったのです。しかし、後々、妻から聞かされた話だと、子供たちは多少なりとも学校で、「お前のオヤジ、全然打てないじゃん」といった具合にからかわれたことがあったようです。

プロ野球選手のほとんどは、子供が物心つく前に引退するためそのような経験をすることもないでしょうが、四〇歳以上で現役を続けると中学、高校生の子供を持つ選手も多く、父の成績がはっきりと認識できるようになってきます。だからこそ、そういう話を耳にするたびに、父は燃えるのです。

特に自分の場合は、「最後の最後までカッコいいお父さんでありたい」と思っていましたから、「活躍できなければ家族が叩かれる」とネガティブな感情以上に、「活躍すれば家族も俺を自慢できる」と奮起していたものです。

それでも、やっぱり活躍できない時はある。

一二年に中日に復帰してからはホームゲームの際は自宅から通うようになりました。残念ながら、この年から引退するまでの二年間は、どちらかというと満足のいく結果が得られず、悶々《もんもん》とした日が続いたのですが、そういう時だからこそ「家に帰るまでには気持ちを切り替えよう」と、ナゴヤドームから自宅までの三〇〜四〇分間、車を運転しながら心を落ち着かせようと努める。それでも、家族から言わせれば顔には辛さがにじみ出ていたようで、よく妻から、「今日、何かあった？　怒ってない？」と尋ねられました。「今日は調子悪かった。明日、球場に行きたくない！」など冗談めかして弱音を吐くことは多々ありましたが、本当に辛い時期や怒っている時は感情をグッと抑えて、「なんにもないよ。今日は疲れたから寝るわ」と淡々と振る舞うよう努めていたつもりです。

僕が恵まれていたのは、家族が仕事の詮索をほとんどしてこなかったこと。娘はもちろん、仙台まで何度も応援に駆け付けてくれた息子も、家では父に気を遣い、学校で何かを言われたとしても「お前らはどう思おうが、俺からすれば山﨑武司はただのオヤジだから」といった案配で平静を装ってくれていました。特に妻は、知人などから贈り物をいただいた際には「お礼の電話をしてね」とくぎを刺しますが、それ以外は最近、世間一般で言われる「家事は平等にこなす」といった考えはなく、「野球選手がゴミ捨てをしていたらカッコ悪いでしょ。あなたは野球を頑張ってくれればいいから」とサポートしてくれました。

プロ野球選手という特殊な仕事だからそういった家庭環境を築くことができたのかもしれませんが、一般社会でも一家の主が「仕事と家庭は別」と自分を律し、たとえ仕事の調子が悪くても「なんにもないよ」と明るく振る舞ってさえいれば、家族は自然と気を遣ってくれるもの。そんな姿を見ては「嫁や子供に悲しい顔をさせちゃだめだな」と自分自身を戒め、仕事への活力も生まれてくる。

たかだか仕事で家族を泣かせては絶対にいけません。

愚痴は家の外で

何度も繰り返しますが、僕は一般企業に就職した経験がありません。だから、みなさんがどれだけ辛い日々を送っているのかを具体的に知ることはできませんが、「この人たち、大変なんだな」と痛感することは多々あります。

それをリアルに知ることができるのは飲食店です。

単身赴任生活をしていた頃は、知り合いのお店で食事をしていたのですが、カウンターでひとりご飯を食べていると隣の席のサラリーマンたちの会話が自然と耳に入ってくることがありました。

話題のほとんどが仕事の愚痴や家族の悩み相談。「なんなんですかね、あの人。部下を評価する気があるんですかね？」。そんな調子で、数時間、延々と暗い話をして店を後にしていく。僕が耳にしたサラリーマンの会話のほとんどが、そのような内容でした。

彼らには申し訳ありませんが、その度に「気の毒だな」と感じました。

せっかくおいしいものを食べているのに、話している内容が愚痴ではおいしい料理もまずく思えるというもの。しかしながら、サラリーマンの多くは会社や家庭で言えない話をするためにお店に来ているのも事実。

「ああ、この人たちはきっと、こういった場所でストレスを発散しているんだろうな」

いつしか僕は、そう思うようになりました。

ならば、愚痴りたければとことん愚痴ればいい。愚痴でも楽しい話題でも、他人と会話をすることは非常に大切なことだと思います。納得できること、異議を唱えたいこと。様々な要素を包み隠さず自分の想いをぶつけることで、心の中でくすぶっていたわだかまりのようなものは取れ、すっきりします。

ただ、いったん気分が晴れたら仕事場や家庭には、負の感情を絶対に持ち込んではいけません。

下半身の衰えとの闘い

四〇代以降になると、駅の階段を上るのがきつくなる。そんな話をよく聞きます。僕はそのような経験をしたことはありませんが、四〇歳近くになって下半身の衰えを感じたことは事実としてありました。

もともと僕は体が柔らかく、立位体前屈をしても指先がマイナス一〇センチ近くに到達していたくらいですから、先輩たちに「四〇を過ぎたら体が固くなるぞ」と言われたところでピンときませんでした。

あれは〇七年でした。三八歳ながら四三ホームラン、一〇八打点で二冠王に輝き、記録の面では最高のパフォーマンスを披露できたと思われがちですが、実はこの年から股関節痛に悩まされるようになっていたのです。

ウォーミングアップで開脚をして体をほぐそうとすると、どうも股関節がぎしぎしと鈍い音を立てているような感覚がする。初めは気に留めていませんでしたが、それが一日、二日と続くうちに、その違和感は痛みへと変わっていったのです。

〇七年は股関節の左側が痛みました。右バッターである自分にとって重要なのは軸となる右足。それほどパフォーマンスに影響を及ぼすことはありませんでしたが、翌年には右側が痛み出した。そうなると、軸足にしっかりと体重を乗せることができないので必然的に数字にも反映し二六ホームラン。〇九年はまた左側のため三九ホームランでしたが、一〇年には再び右側だったため二八ホームランと、股関節の痛む箇所によって成績も左右されたのです。

とはいっても、ただ痛みを我慢し続けたわけではありません。股関節への負担を軽減する作業は常日頃から意識していました。

試合前のウォーミングアップはランニングを控えめにし、バッティングやノックの練習を増やす。ランニングについては、楽天の本拠地であるクリネックススタジアム宮城（当時）は人工芝で地面が固いためランニングは極力控え、甲子園球場など地面が柔らかい天然芝のグラウンドで試合をするときにカバーする。プラス、先にも述べたように食事などを管理しながら体を絞る。

ただ、一一年は辛かった。右でも左でもなく股関節の中心部が痛む。病院で検査をしても特に目立った症状が見当たらず、ただ痛みと戦う日々。この年、楽天を自由契約となり翌年から中日に移籍したわけですが、新天地で故障を抱えたままではまた一年でクビを切られてしまう……。そう考えた僕は、「壊れてもいいや」と無理なトレーニングをしたのですが、これが逆療法となり不思議と痛みが消え去ったのは幸運なことでした。

四〇代以降は下半身の衰えとの戦いになります。僕のような荒療治はお勧めできませんが、自分の体と対話しながら無理のないケアを続けていけば、ある程度は衰えを防ぐことができるのではないでしょうか。

リタイア後には新たな目標を

尊敬する先輩・山本昌さんは、一三年シーズンでプロ野球史上最長となる現役生活三〇年を迎えました。本人は、「五〇歳まで、と言わずプレーできるのなら何年でも続けたい」と言っていますが、OBの方々は山本さんに冗談交じりでこんな言葉をかけているそうです。

「遊べるのは四〇代までだぞ。ドンドン体力は落ちてくるし、五〇代になったらゴルフをするのも疲れてくるぞ」

山本さんは「永遠の野球少年」ですから、それでも現役にこだわり続けることでしょうが、OBの方たちが助言するのも分かるような気がします。

僕は一三年シーズン限りで引退しましたが、ユニフォームを脱いだ大きな理由は肉体の衰えではなく、チームが望む結果を出せなかったことに責任をとりたかったから。プロ野球選手にとって引退とは一般企業における「定年退職」のようなものですが、四五歳ですし、年齢的には老け込むにはまだまだ早い。体が動くうちは何にでも挑戦したいと考えています。

僕はプロ野球の世界で実績を残すことができましたし、幸運にも周りの方たちのサポートもあり解説者として第二の人生をスタートさせることができました。その他、講演、野球教室など、僕の仕事はこれからも野球が中心となっていくでしょう。

ただ、一線を退いた今、野球だけに固執しようとは思っていません。現役時代と違い、解説などの仕事には支配下登録枠がありません。七〇代の大先輩もバリバリで解説しているような競争社会ですから、そこだけにこだわっていれば、仕事が激減した際に新規分野を開拓しようと思ってもなかなかうまくいかないでしょう。

だからこそ、新たにドキドキする仕事に今からチャレンジしていくつもりです。

スポーツ紙などで少しは報道されたためご存じの方もいるでしょうが、僕はレーサーに挑戦します。

トヨタ86と同じタイプの車種であるスバルＢＲＺで競う市販車用のカーレースで、Ｆ１の会場でもある鈴鹿サーキットや富士スピードウェイでもレースが開催されます。大会に参加するためには国内Ａ級ライセンスが必要となりますが、ランボルギーニをはじめ数々のスポーツカーを乗り回してきた自分ですから練習を積めば取得できると信じています。むろん、自信を持たなければ参戦など表明していません。

子供の頃から現在でもミニカー収集をしており、スポーツカーを何台も所有してきましたから、趣味と言えば趣味ですが、やるからには本気で臨みます。できれば、年間で五、六戦は走れるくらいの技術を身に付けるつもりですし、トップを目指して精進していきます。

僕がレーサーにも挑戦することを受けて、「なにやってんだ。野球の仕事をなめているのか？」と思われるOBの方もいることでしょう。失礼を承知で言わせていただければ、それはいらぬ心配です。自分では、今は野球の仕事をメインに活動することは決めていますし、そのために現場へも足を運びますし、データ収集や関係者たちとの情報交換だって怠《なま》けるつもりはありません。

ただ、僕は「野球バカ」にはなりたくない。

野球に散々お世話になりましたから、いつか必ず野球で恩返しをしたいと考えていますが、現役ではなくなった今こそ、異業種の方たちとネットワークを築けるチャンスでもあるのです。そのような絶好の機会をふいにしたくはありません。だから、怪訝《けげん》に思っているOBの方たちには僕の気持ちを少しでもご理解いただけると嬉しい、というのが本音です。

定年退職をした方のなかには、それまで四〇年近くも仕事に励んできたため燃え尽き症候群のようになり、目的を見失う人が多いと聞きます。

何歳になっても面白い要素はそこらへんにごろごろ転がっているものです。

会社員時代、趣味にしていたこと。興味はあったけど仕事が忙しくて挑戦できなかったことはひとつやふたつ必ずあるはずです。人間、常にドキドキしていればそう簡単には老け込みません。一般社員でも役員の方でも、仕事以外のもので新たな活力源を見つけてみてはいかがでしょうか。

絶望的な状況に陥ったら

二七年間の現役生活のなかで大なり小なり様々な怪我をしてきましたが、特に印象に残っているといえば、一一年六月一一日の中日戦で右手薬指を骨折したことでした。

この年は、シーズン開幕前に東日本大震災があり、チームとしても個人的にも「いい成績を残して被災者を元気づけよう」と誓っていた。それだけに、試合後の診断で医師から骨折を告げられたときのショックは大きかった。

全治二ヵ月。その後のリハビリも含めれば、実戦に復帰できるのは二ヵ月半後。つまり、八月いっぱいまで試合に出られないと宣告されたのです。

夏場はシーズンの行方を占う意味でも重要な時期。僕は怪我をするまでは四番を任されていましたから、中心選手の自分が戦列を離れることがチームにとってどれだけのマイナスイメージを植え付けるかは重々承知でした。だから僕は、医師にこう宣言したのです。

「多少、痛みが残っていても骨がくっつけば試合に出ます。やる、やらない、の判断は自分が一番よく分かっています。もし、怪我が再発して欠場するようになれば辞める覚悟はある。だから、自分の判断に任せてほしい」

仕事とは責任を負うことです。僕はチームでは必要不可欠な人材であることを自負していました。その人間が仕事を長く休むことでどれだけ組織に損失を与えるか？　そう考えただけで忸怩《じくじ》たる思いに苛《さいな》まれてしまうのです。

よほどの重病であれば仕方がない。でも、外傷は何とかなる。繰り返しになりますが、「病は気から」です。自分が「やれる」「痛くない」と思えばどこまでもやれる。そう信じてリハビリに努めました。

医師から「あまり効果はないと思います」と言われても、それまで一度も口にしたことがなかったサプリメントを常用する。リハビリにしても、少しでも効き目があると思えば何でも試しました。その結果、一ヵ月半後の七月末にはグラウンドに戻ってくることができました。チームの成績は五位、個人としても一一ホームランと振るわず楽天には迷惑をかけてしまいましたが、僕はこの怪我を通じて学んだことがあります。

それは、前向きな姿勢は大事であること。「精神論は古い」と言われてしまうでしょうが、全治二ヵ月半と診断された怪我も一ヵ月半で治すことができた。もし、「俺はダメだ……」とうなだれているばかりだったら、二ヵ月半で治る怪我もそれ以上の時間を費やしていたかもしれません。

もうひとつ大切なことは「口に出す」こと。

「俺は絶対に早く治す」「こんな怪我、怪我じゃねぇ」。ハッタリでも嘘でもなんでもいい。周囲にそう宣言することで、大人という生き物は「みんなに言ったらやるしかない」と腹をくくることができる。

例えば、五〇代にもなれば二〇、三〇代と比べて明らかに体力はありません。冬など寒い季節にもなれば風邪など病気にかかりやすくなる方だっていることでしょう。

でも、なぜ彼らは簡単に会社を休まないのか？　それは言うまでもなく責任感があるからです。その年齢にもなれば部長など役職についている方も多いことから、「俺が休んだらみんなに迷惑がかかる」と、その一念だけで老体にムチを打ち仕事をするのです。

僕もそうでした。

一二年八月二二日の阪神戦で左手の薬指を負傷。当初は球団に「打撲」と伝えていましたが、実際は骨折していました。怪我をした四三歳のベテラン。チームは、そんな自分を一軍に置いてくれている。この時の中日は優勝争いをしていたし、クライマックスシリーズ進出もほぼ間違いない位置にいたことから、「このまま骨折を隠してプレーしていたら大事な場面でチームに迷惑をかける」と僕は骨折を公にし、治療に専念することを決めたのです。

責任感があれば、体に異常をきたしていても前向きな気持ちになれる。だから、社会のベテランたちは強いのです。

ミスより功績を誇れ

年齢は五〇代。役職もある。会社において立場を築いているため下手を打つことができない。ミスは許されない。仕事に従事する者としての責任感から、いつしか完璧を求めるようになってしまう。

そのような窮屈な考えを取っ払ってみてはどうでしょうか？

世の中に完璧な人間など存在しません。何歳になってもミスはするし、目上の人間、もしかしたら年下から叱責を受けることだってあるでしょう。これまで実績を積み重ねてきたプライドもあるでしょうが、「自分はミスをする」と受け入れさえすれば、案外、楽な気持ちになるものです。

現役時代の僕は、言ってしまえば「ミスの塊」のような選手でした。

通算三振数は歴代三位の一七一五個。僕がどれだけミスを重ねてきたかをご理解いただけるでしょう。

だからといって、簡単に三振を受け入れられたわけではありません。三〇歳を過ぎるまでは「三振なんてしたくない」と思いながら打席に立っていました。そのせいで、どうしても消極的な自分が顔を覗かせる。2ストライクまで追い込まれると、「やばい。三振するかもしれない」という恐怖心が芽生え、本来ならホームランを打てるボールでも打てずに空振りしてしまう。

そんな気弱な自分でしたが、楽天時代、野村克也監督やブラウン監督の「大いに三振をしなさい」といった後押しもあり、三振を前向きに捉えられるようになっていくのです。

三振はミスかもしれない。ただ、そのミスをミスで終わらせないこと。

ボールにタイミングが合っていたのに三振をした。ならば、次は配球から見直そう。力の差をまざまざと見せつけられた三振であれば、「狙い球が来なければお手上げでいいや」と開き直りの姿勢を見せるのもよし。仮に三振が増えたとしても、僕は迷いなくバットを思い切り振ることができるようになりました。

さらに付け加えれば、三振を受け入れられるようになったことで、「後の成績にも影響を及ぼしたくない」という思考も芽生えてきました。小さなミスを気にしてばかりいたせいで、シーズンの成績も大幅に下げてしまう、それだけは絶対に避けなければなりません。僕のようなベテランは、ミスはある程度許されますが、トータルの結果が散々であれば容赦なく切り捨てられます。

ミスではなく成果。一般社会の管理職の方たちも求められるのはそこではないでしょうか。

些細なミスでも取引先に迷惑をかけたのであれば誠意をもって罪を償わなくてはいけません。しかし、ミスをミスで終わらせずに前向きに対処していった結果、年度の業績を上げれば会社からは認められるわけです。

一三年一〇月五日の引退試合、僕は空振り三振で現役生活に幕を閉じました。実に自分らしい幕切れでした。それでもファンは、僕が通算で歴代三位の三振を記録していることよりも、ホームラン王二回、通算四〇三ホームランの記録を第一に挙げてくれるはず。

僕は数多くのミスをした。でも、トータルでは周囲を納得させるだけの記録を残した。だから、管理職のみなさんも最終的に好成績を収めるために、数多くのミスをしてください。

常に責任と隣り合わせ

東日本大震災からの復興を目指し、東北のみなさんに躍進を誓った一一年。チームは五位で僕自身も不甲斐ない成績に終わりました。

特に九月は散々で、一三日以降の成績は三九打数一安打。二九日の試合を最後に「山﨑武司」の名はスターティングラインナップから姿を消しました。

ベンチを温める日々。僕は自然とこんなことを考えるようになりました。

「これは責任をとらなければならないな」

責任とは自分だけで決められるものではありません。上司である監督や球団幹部の意見が尊重されるわけですが、翌年にレギュラーを剝奪《はくだつ》されようと、年俸を半分にされたとしても甘んじて現実を受け入れようとしていました。

こんなことも考えていました。

「もし、あと一年、楽天でプレーできるのであれば、体がどうなっても構わないから完全燃焼しよう。野球人生の集大成を東北で出しきって引退し、その後はコーチ、ゆくゆくは監督としてファンのみんなに恩返しを続けていきたい……」

しかし、それは夢物語に終わりました。一〇月九日に自由契約――。僕は最も重い責任を負うこととなったのです。

球団からは「コーチとして残ってくれ」と要請された。確かに、楽天で指導者となるのは自分が思い描いていた理想ではあります。ですが、「翌年にプレーヤーとして完全燃焼する」と決めていた自分だけに、「ここでコーチを引き受けるのは逃げることにならないか？」と自分に問いかけました。そして、「楽天を離れても現役を続行する」という答えにたどり着いたのです。

僕が東北、楽天ファンに対して犯した罪は重い。

過去の栄光を持ち出すようでは本当の中心選手ではありません。一年、一試合。自分が心血を注ぎ目的に向かって突き進んだ結果、周囲の期待を裏切れば責任を負うのは当然のこと。

肩書や周囲の評価に胡坐《あぐら》をかいているようでは、組織において本当の戦力とは言えません。高い給料を貰い重要な役割を担っている以上、いつクビになってもいい覚悟を持って仕事に臨まなければならないのです。

現時点での評価を見極める

僕は怪我で引退を考えたことは一度もありません。自分が最も引き際を感じる要素は現在地。自分の立場です。

「今、チームにおいて俺はどの立場なんだろう？ 評価されているのか？」。それらを判断した際、「いまいち低いな」と感じた時が引退。そう感じていました。

中日に移籍した一二年シーズンは、その葛藤との戦いでした。

楽天時代も毎年そうでしたが、自由契約を経て古巣に戻ってきた中日ではそれまで以上に自分自身にプレッシャーをかけていました。

「キャンプから自分がやれることを首脳陣に証明しなければならない」。オープン戦では一二球団最多の四ホームランをマーク。前年まで中軸を担っていたトニー・ブランコとのポジション争いを制し、開幕戦では四番・ファーストでスタメン出場を勝ち取りました。

しかし、その後はなかなか思うようなパフォーマンスが出せない。ブランコにポジションを奪われて以降は代打がメインとなり、彼が怪我をして戦線を離脱した七月にも結果を出せず、悶々とした日々を過ごしていました。

ベテランという立場。チームは若手の台頭を望んでいる。チャンスを摑んだ控え選手をどんどん試合に投入していくため、自分の出場機会はどんどん減っている。さらに、八月には左手薬指を骨折。そのような経緯もあり、自分の脳裏にふっと引き際かなという思いがよぎりました。

「今の自分には、〝山﨑武司〟としての価値がない。きっと、俺がいなくてもチームはなんとかなるだろう」

それを決定づけたのが、読売ジャイアンツ（巨人）とのクライマックスシリーズ・ファイナルステージ第四戦でした。

チームは初戦から三連勝。あと一勝すれば日本シリーズに進出できるところまできていました。迎えた第四戦。〇対二とビハインドの六回、二アウト満塁と逆転のチャンスの場面で僕に代打が告げられました。

結果は空振りの三振……。この瞬間、僕は確信しました。

「これは辞めないといけないな」

このような絶好機で結果を残すことは一流プレーヤーであっても容易ではありません。しかし、この年の不甲斐ない自分からすれば、この場面では是が非でも打たなければならなかった。それが、三振という最悪の結末を迎えてしまったのです。

最終的には家族や知人、球団からの慰留もあり引退の意思を撤回。翌年に一年間、プレーした後にユニフォームを脱いだわけですが、僕の引き際は事実上、一二年のCSである程度、固まったことは事実でした。

自分のやり方を見つける

僕の人生において大切な存在でもある先輩・山本昌さんは、前にもふれましたが一三年時点で現役三〇年と、約八〇年のプロ野球の歴史のなかで最も長くプレーしている選手です。

山本さんの現役生活を語る上で、欠かすことのできないトレーニングに初動負荷理論があります。鳥取県のトレーニング施設「ワールドウィング」を運営する小山裕史先生が提唱したこのトレーニングは、簡単に説明すると体の反射機能を促進させる作業です。

左ひざの手術をした九五年、山本さんはわらにもすがる思いで小山先生を訪ね初動負荷理論を実践したそうですが、そのお蔭で通算二〇〇勝超、現役三〇年を迎えることができたと言っても過言ではないでしょう。

プロ野球界では山本さんがこのトレーニングを導入した先駆け的な存在で、以来、イチローなど数多くの一流プレーヤーが実践し成功を収めています。

だからといって、初動負荷理論のトレーニングが誰にでも適しているとは限りません。最近では、北海道日本ハムファイターズの斎藤佑樹がいい例かもしれませんが、右肩を故障したといっても、現段階で初動負荷理論の効果が表れているとは思えません。

今の若い選手は、トレーニングの取捨選択ができていない。体形や年齢のちがい。自分と同じ体やコンディションの人間など誰ひとりとしているはずがないのに、「あの人がやっているから」といった興味本位だけで様々なトレーニング法を試したがる。自己満足で完結させたいのであれば結構ですが、そういった意識は最終的にチームに迷惑をかけることに繋がってくると理解してもらいたいのです。

だから僕は、自分が導入しているトレーニング法を後輩に勧めたことなど一度もありませんでした。

自分はホームランが打てる。みなさんは「ウエイトトレーニングをたくさんしているのだろう」と思われるかもしれませんが、僕は現役時代、ウエイト器具を使ったトレーニングをほとんどしてきませんでした。

理由を簡単に言ってしまえば「必要がないから」。筋力をつけるよりも技術を高める。バッティングフォーム、タイミングの取り方、配球の読み……四〇歳前後からは特にそうでしたが、技術や頭脳を磨くことのほうがホームラン量産に結び付くと考えていたからです。

ですが、それを後輩に伝えたところで全員が参考になるわけがありません。本来持つ筋力、スイングスピード、情報量。僕と全く同じ選手などひとりもいないのです。

これはきっと、一般企業にもいえることだと思います。

「自分はこの方法で成功した」。だからといって、同じ方法で部下が育つとは限らない。一人ひとりの経験やスキル、ひとつの仕事をどれだけの時間でこなすことができるのか？　そういった要素を総合的に判断しながら、最良の手法を導き出さなければならないのです。

妥協のススメ

甲子園の出場経験があるわけでもなければドラフト一位でプロに入ったわけでもない。僕は、野球人としてエリートではありませんでした。

世の中に目を移せば、エリートではない人間のほうが多いことでしょう。

一流大学出身ではないけど、「超」はつかないまでも優良企業に就職し管理職まで上り詰めることができた。そういう人種というのは、仕事で成功を収めても、どこかで「所詮、俺は超一流大学の出じゃないから」など多少のコンプレックスを抱いているものです。僕自身、二度のホームラン王などいくつかタイトルを獲得していますが、それでも「甲子園にだって出ていないし、プロでもオリンピックやＷＢＣの代表メンバーに選ばれたこともない」と少なからず卑屈な自分がいます。要はコンプレックスがあるわけです。

同じくコンプレックスを抱える管理職の方も、組織で管理職といった明確な地位を築いても、「仕事で成果を挙げなければエリートたちに笑われる」と無意識のうちに肩ひじを張って生きてしまう。

気持ちは分かります。でも、そういった人たちはエリート以上に努力したからこそ現在のポジションを勝ち取ったことも事実なのです。

だからこそ言いたい。時には妥協をしてみませんか、と。

仕事を長く続ければ続けるほどうまくいかない時期は数多く訪れます。野球に置き換えれば、それはスランプになるでしょう。僕自身、何度も経験してきました。

野球選手の場合、常に結果が求められますからスランプが長く続けばスタメンから外されてしまうし、二軍に落とされてしまうかもしれない。深刻なケースになればトレードで他球団に放出されたり戦力外通告を受ける可能性だってある。

でも、そんな状況に陥らない限りはできるだけ気楽なスタイルで仕事に臨んでほしい。

僕の経験則が説得力を生むかどうかは分かりませんが、〇四年にオリックスを戦力外になるまでは、自分も「これ以上、スランプが長引いたらまずいな」と消極的な気持ちになることが何度もありました。しかし、一度、戦力外になると不思議と肩の荷がスッと下りるもので、「ダメなら野球を辞めればいいや」と達観して仕事に臨むことができました。

楽天時代もがけっぷちの状態からレギュラーを勝ち取ることができました。当然のようにスランプは突如として訪れるわけですが、それでも僕は「明日になれば打てるよ」と日々、気持ちを切り替えていたものです。

勘違いしてほしくないのは、楽観的だったわけではないこと。五、六試合ヒットが出ない日が続けば「打てなかった……」とかなり落ち込みます。翌日、球場入りする際も「今日もヒットが出なかったらどうしよう」とびくびくしていたものですが、それでも、ユニフォームを着ると自然に「一本でも打てばいいんだよな」と思えるようになっていきました。

イチローなど一流の選手にもなれば一〇打数一〇安打を常に目指しているものですが、残念ながら僕のようなホームランバッターはどんなに練習を重ねてもそれは実現できません。ならば、欲張らずに四打数一安打を目指せばいい。二本出ればラッキー。三本出れば神がかっている。自然とプラス思考になっていくのです。

一一年の九月半ばからの大スランプの時でもそうでした。

東日本大震災からの復興のため、優勝を約束して臨んだシーズンですから、チームのみならず個人としても結果を出さなければならない一年でしたが、この時にしても「そろそろスタメンを外されるかもしれないな。でも、いい加減、明日には一本出るだろう」と自分に言い聞かせながら打席に立っていました。

結局、三九打数一安打という散々な結果でスタメンを外され、一〇月には球団から自由契約を言い渡されることになるのですが、個人的にそれは結果論にすぎません。数字を出せなければクビ。それだけのことです。

僕のこの意識は、言うなれば前向きな妥協です。

どんな仕事であれ、誰だって無難に仕事をこなしていきたいと思っていても悪い時期は必ずやってきます。その際、どのように自分を律するかが大事なのです。

僕のように「明日は大丈夫」と思うことも大切ですが、「思うようにいかないな」と感じたら仕事のやり方を変えてみる。野球で例えるならバッティング練習を少なめにして守備練習など、普段は重きを置いていないメニューを数多くこなせば、不思議と体のキレが戻り好成績につながるものです。

四〇、五〇代は経験があるわけですから、様々な仕事のやり方を熟知していることでしょう。エリートではなく人に弱みを見せたくない人ならなおさらのこと、一見、必死に仕事をしているように見せかけて、実は妥協しながら業務をこなしている。気の持ち方や実務の上でもペースを少し落とすだけでも気持ちは切り替えられ、いつの間にかスランプを脱出できている。迷路の抜け方は意外に簡単なところに落ちているものです。

「経験」とは要領の良さ

体力のある二〇代なら理屈抜きで体を苛《いじ》め抜いたほうがいい。中日のチームカラーもあったかもしれませんが、若い時代はとにかく練習させられました。

ランニングにバットスイング。試合で納得のいくパフォーマンスが発揮できなければ、特打ちや特守を延々とやったし、コーチ陣に強制的にやらされもしたものです。そうすることによって、多少無理をしたところで壊れない強靭《きょうじん》な肉体が形成されたことはもちろんのこと、練習方法や「今、自分に足りないもの」が自然と分かるようになってくる。要するに、仕事の要領を摑んでくるわけです。

野球選手にとって晩年とは、三〇代後半から四〇代以降を指します。その頃になると、当然のように体力は低下してくるわけですから、若い時期にやっていたような無理なトレーニングは続けられません。「最近、調子が悪いな」と感じて試合前や休日に特打ちをしようものならば翌日には体の筋肉が張って動きづらくなる。ますます、パフォーマンスに影響が出てくるわけです。

だから晩年の僕は、試合前の全体練習だけで自分がやるべきことを完結させるようになりました。

フリーバッティングの練習であればホームゲームなら一〇分、アウェーであれば五分しか与えられません。限られた短い時間のなかで意識できる練習といったらせいぜいひとつかふたつ。そのため、「今日はタイミングの取り方を意識しよう」といった具合で、あらかじめ課題を持って取り組まなければなりません。

何歳になっても、量をこなすことで得られることはあるのかもしれません。しかし、実戦での優れたパフォーマンスを求めるのであれば量より質を求めるべきです。

第五章　ベテランにこそ「もがき」が必要

常に「今年が最後だ」と

プロ野球選手の引退会見で度々耳にする言葉。

「悔いはありません」。果たして、本当に悔いなくユニフォームを脱ぐことができたのでしょうか？　偽りだとは言いませんが、僕はその言葉が不思議で仕方ありません。

人生においてもそうですが、完璧に天命を全うできるわけがない。野球に置き換えれば、「なんであの時、もっと練習をしなかったのだろう」「あそこで監督やコーチの意見を聞いていれば」「あの打席で見逃し三振をしなければ……」。細かく挙げればきりがありません。

「悔いはありません」と引退していった選手もきっと、悔いはある。ですが、野球人生を総合的に評価したときに「まずまずやれたな」と自分自身に及第点を付けたからこそ、そのような言葉が出たのだと思っています。

はっきり言って、僕は悔いだらけの野球人生でした。「後悔」という言葉と真正面から向き合ってきたからこそ、自戒の念も込めそう言いきれるのです。

プロ野球選手にとって一番の悔い。それは球団からクビを宣告されることです。僕は、二七年の現役生活のなかで二度も戦力外通告を受けました。

不思議なもので、毎年、八月あたりになるとチーム、特に二軍の雰囲気が少し変わってきます。この時期、二軍の試合にもまともに出られない選手というのは、その年に戦力外通告を受ける確率が高いことをみんな知っているからです。

おそらく、一〇人前後はクビを切られるだろう。多分、あいつとあいつ……。自分はどうだろう？　二軍だけどたまにスタメンで試合に出してもらえる。だけど、打率は二割そこそこ。もしかしたら危ないかもしれない。

僕自身、オリックス・ブルーウェーブ時代の二〇〇四年はそのような想像をしていたものです。とはいっても、僕は当時の監督と衝突し、職場放棄をしたことで二軍に落とされていたわけですからクビになる確率が高いのは当然。自分でも「辞めてやる」と自暴自棄になっていたものの、実際に宣告されるまでは引退の実感は湧かないものです。

案の定、球団から戦力外を言い渡されました。自分で選んだ道とはいえ、いざ、その現実に直面すると言いようのない寂寥《せきりょう》感に苛《さいな》まれるものなのです。

「小さい頃から続けていた野球が、もうできなくなるんだな」

そう思えば思うほど、手足をもぎ取られた感覚に陥る。ここで初めて、後悔という言葉が自分の脳裏に浮かんできました。幸運にも同年のオフに東北楽天ゴールデンイーグルスが誕生したことで現役を続けられることになりましたが、「まだ野球ができる」といったお気楽な考えは全くありませんでした。

「あともう一年やれる。こうなったら、できるだけ悔いなく野球をやろう。『今年が最後だ』と思ってできる限りのことは尽くそう」

会社を解雇された経験を持つ方なら理解できるかもしれませんが、一度クビになると大きく分けて二パターンの感情が生まれます。

「もうクビになりたくない」と、それが一種のトラウマになり、消極的になってしまうタイプ。

「一回、地獄を見たんだから怖いものはない」と免疫ができてしまうタイプ。

僕の場合は、もちろん後者でした。はっきり言って、楽天での七年間のなかでも甘えた時期はありましたし、「もうダメかな?」と卑屈になったこともあります。それでも、「ただ諦めてクビになるほど悔しいことはない」と自分を奮い立たせたことで、一一年に自由契約になるまで山﨑武司を全うすることができました。

戦力外通告を言い渡されるのは自分に責任があるから。その理由に少しでも気づくことができれば仕事を改善することができる。時には自分に甘えてもいいですが、どんな環境や立場でも「後がない」と、たまには自分を律することも必要ではないでしょうか。

正しいもがき方を覚えよう

一般的に「エリート」と呼ばれる人間はもがき方を知らない。僕は野球しかやってこなかった人間ですから多少の偏見はあるかもしれませんが、おそらく、僕の認識と世間の感じ方は似ていると思います。

高校、大学と野球の名門校で過ごし、確かな実績を携えてドラフト一位でプロに入る。それだけで十分な野球エリートです。しかし、そんな選手でもプロで一流になれる人間はごくわずか。高い壁にぶち当たる。でも、プライドが邪魔をしているのか壁を越えようと努力をしない、どん底まで落ちているのにもがこうともしない。そして結局は戦力外通告。僕はそんな選手を何人も見てきました。

プロ野球の世界は、一度身を投じてしまえばアマチュア時代の経歴なんて単なる過去でしかありません。プロとしての数字が全て。どのような経歴であれ、結果さえ出し続けていれば認められるもの。だからこそ、もがかなければならないのです。

勘違いしてほしくないのは、「もがく＝がむしゃらになる」ではないこと。練習を人より何倍もこなす。ユニフォームを泥だらけにしながらプレーする。一般企業で例えるならば、毎日深夜まで残業をする。僕から言わせれば、それらはもがくことではありません。努力と置き換えれば、そのようなものは人に見せるものではない。吸収することこそが、もがくことなのです。

僕の経験を述べさせてもらえば、オリックスを戦力外となり「もう後がない。ボロボロになるまでとことん自分を追い込もう」と決意しましたが、だからといって目に見える努力を重ねてきたわけではありません。

繰り返しになりますが、プライドを捨てること。楽天一年目に田尾安志監督からバッティングの基礎中の基礎を叩きこまれ、二年目以降は野村克也監督からデータ野球を教えられてきました。若い選手は「ベテランが今さら何やってんだ」と思っていたかもしれませんが、僕はそんな周囲の声など無視し、ひたすらスキルアップに努めました。その結果、楽天でもうひと花咲かせられたと思っています。

順調な時期は今まで通りのやり方でいいのかもしれません。しかし、窮地に立たされた時にこそ真価が問われます。プライドを捨て、もがき続けることができるのか？　負の側面と真正面から向き合うことができなければ、人は成長することなどできないのです。

「イップス」を知る

近年、スポーツの世界で「イップス」という言葉を度々耳にする人も多いのではないでしょうか？

これはゴルフがきっかけとされており、集中力が求められるグリーンでのパッティングなどで失敗が重なると「次も決まらないかも」と極度の不安に陥り、また失敗する。野球においても、今までショートからファーストまで難なく送球できていたのに大事な場面での悪送球がきっかけでチームが負けて以降、エラーが多くなった。イップスとは「恐怖症」の総称であり、アスリート特有の精神病と言えるのかもしれません。

僕は、一般社会にも「イップス」は存在すると思っています。

ちょっとやんちゃで、すぐに反発する部下がいたとします。上司からすれば指示を伝えなければなりませんが、「また、あいつに文句を言われる」と思えば無意識のうちにしり込みしてしまい、本来、伝えるべきことを伝えられず、さらに上の人間から「なんであいつにちゃんと言わないんだ」と叱責される。

取引先に苦手な人間がいる。それでも、自分が担当する会社だから毎日のように会わなければならない。でも、会うたびに怒られる。時には商品のダンピング交渉など言いづらいこともあるでしょう。そんなとき、「どうせ怒られる。なんて言えばいいんだろう……」と恐怖心に苛まれ、なかなか本題を切り出せず会社に戻り、建設的な報告もできずに上司から怒られる。

このような事例のように、最近、嫌なことを事前に避けたいがために、楽な部署へ異動願いを出したり転職を繰り返す人が増えていると聞きます。要するに、「イップス」になる前に逃げてしまうわけです。

「イップス」は世間からは否定的に捉えられがちですが、僕はむしろ「イップスになるくらいその道を突き詰めたんだから立派じゃないか」と肯定したい。

野球に置き換えれば、三振するのが怖くなるくらい、送球する恐怖心が芽生えるくらい経験を積んだということ。たった数回では「俺はまだまだ未熟なんだ」と割り切れるでしょうが、「イップス」になるということは、一つひとつのプレーの重みを肌で感じるほど鍛錬を積んできた何よりの証拠。それなのに、「失敗するくらいならやらないほうがいい」と逃げ出すのはもったいない。

サラリーマンにしたって、大卒のほとんどが最初は一流私立や国立大学を目指して死ぬ気で勉強してきたはずです。仮に不合格となり二流大学出身になってしまったとしても、僕から言わせれば「失敗しても、一度は死ぬ気で物事に挑戦したんだから仕事だってそれくらいの気持ちで頑張れるでしょ」と思えてなりません。

特に四〇、五〇代の管理職の人たちには、いま一度、若かりしときの苦労を思い出し、失敗を恐れず突き進んでほしい。

古くは、野球はもちろん、二十数年前まではアマチュアスポーツだったサッカーを一大コンテンツにまで飛躍させたのは、当時の四〇、五〇代の方たちです。日本サッカー協会の初代チェアマンを務められた川淵三郎さんは、Ｊリーグ発足当時五六歳でした。

「若いもんたちには負けられない。俺たちももう一回、花を咲かせてやるぞ！」

決心した中年のパワーほど恐ろしいものはありません。彼らには経験に裏打ちされたスキルがある。数々の失敗を経て知らないうちに強いメンタリティーを身に付けている。

それなのに、「イップス」なんかに負けてチャンスをふいにするのはもったいない。

明るい未来を作るのは一〇代、二〇代の若者だ……、いやいや、彼らは「ゆとり世代」の温室育ち。だから俺たちがいま一度、粉骨砕身で働いて組織と日本を変えてやる！

四五歳の僕からすれば、根拠のない自信で虚勢を張る若者より、中身の濃い人生を送った中年世代の勢いのほうがとても頼もしい。

謙虚を行動に移す

スポーツの世界はプライドの塊のような人間の集まり。トップアスリートになればなるほど、「自分が一番だ」と自我をさらけ出すものです。

非常に結構なことです。はっきりいって、プライドがない人間はプロスポーツ選手には向かない。「他人を蹴落としてでも」といった気概があるくらいがちょうどいい。

しかし、そんな人間にもいつか凋落《ちょうらく》は訪れます。

そこでもがくかもがかないかが選手生活における大きな分岐点ではありますが、もうひとつの要素として、自分の実力のなさを認めることも大事といえるでしょう。

ここでも勘違いしてほしくないのは、「俺はダメだから」と卑屈になってはいけない、ということ。実力がないことを認めるのは、あくまで自分の心の中だけにとどめておく。普段は、「俺はまだまだできるよ」とカッコつけていればいい。意地でも虚勢を張り続けて構いません。

僕が見てきた選手で言えば、中日の森野将彦《まさひこ》がいい例です。

森野は典型的な〝野球小僧〟で、とにかく「自分の野球ができていればいい」といった考えの持ち主。彼よりも実績があり、年長者である僕がアドバイスをしようとしても、「大丈夫です」と平気で断るような変人気質を持った男です。

結果を出してきたからそれでもいいでしょうけど、一一年に統一球が導入されてからの二年間は彼もさぞ苦しんだはず。それまで、当たり前のように打率三割を残せていた人間が、二割五分も打てなくなったのですから相当な危機感を抱いていたはずです。

それ以上に僕が懸念していたのは彼の体形です。公称では体重が八五キロとなっていますが、あれはどう見ても九〇キロを超えている。三五歳。故障のリスクを減らすためには体を絞ったほうがいい。結局、アドバイスをすることなく僕は引退をしましたが、心の声が彼に届いたのか、一三年のシーズンオフから減量に努めているという記事を読んで嬉しくなりました。

自分で実力のなさを認めた人間というのは、必ず行動に移すものです。

若手で言えば平田良介もそうでした。一三年のシーズン終盤。この時すでにBクラスが決定していたことから、中日は消化試合に突入していました。それでも平田は、ミーティングでコーチが「データが欲しい奴はいるか？」と声をかけると手を挙げたのです。彼はこの年、キャリアハイの一五ホームランをマークした。それでも、「まだまだ打ちたい」と感じていたのでしょう。貪欲《どんよく》な姿勢がそういった行動で表れたのです。

〈考えが変われば意識が変わる。意識が変われば行動が変わる。行動が変われば習慣が変わる。習慣が変われば人格が変わる。人格が変われば運命が変わる。運命が変われば人生が変わる〉

楽天時代、野村監督がミーティングで口酸っぱく選手たちに言い聞かせていた言葉ですが、森野や平田の行為はまさにこれに当てはまります。ひとつの考え、ひとつの行動が、ゆくゆくは人生を大きく変えていくのです。

同期入社はライバルか

いつの時代、どんな組織においても同世代の存在は気になるものです。

それがもし、花形部署の部長など誰もが羨《うらや》むポストを与えられたとなれば、他の同期は気が気ではないし、嫉妬する人間もいることでしょう。

僕自身、現役時代は「同世代には負けたくない」と思いながらプレーしていました。

一つ上の世代には桑田真澄さん、清原和博さんの「ＫＫ」をはじめ、佐々木主浩《かずひろ》さんなどスター選手がいたことから僕らの世代は地味に思われるかもしれません。それでも、日本人メジャーリーガーのパイオニアであり一四年に野球殿堂入りを果たした野茂英雄《ひでお》、日米通算三一三セーブをマークした高津臣吾《しんご》、一四九二試合フルイニング出場の世界記録を樹立し、二五三九本安打、四七六ホームランの記録を打ち立てた金本知憲と三人の名球会選手がいます。

実績としては彼らの足元にも及ばないかもしれないが僕は負けたくなかったし、もっと言えば「少しでも追いつきたい」と目標にしていた部分もありました。

だからといって、対抗心むき出しにして「あの野郎！　調子に乗りやがって」と思ったことは一度もありません。むしろ、「野茂、日米通算二〇〇勝か。すごいね」「金本フルイニングの世界記録か。たいしたもんだ」「高津は韓国や台湾、日本の独立リーグに行っても野球を続けたいのか。立派なもんだ」と感心していたことのほうが多かったかと思います。

こうやって説明すると矛盾しているように思うでしょうが、つまりは、「負けたくない」といっても、全てにおいて凌駕《りょうが》したいというのではなく、彼らのすごさを認めながらも「どれかひとつだけは絶対に負けないものを作ろう」と励んだことになります。

最終的に僕が三人より勝ったもの。それは現役年数です。

金本についてだけ言えば、連続試合出場の記録を達成したほどの「鉄人」ですから五〇歳くらいまで現役を続けそうな雰囲気でしたが、一〇年に右肩の大怪我をしてしまったことがきっかけで一二年に引退。かたや僕は、大きな怪我をすることなく、当時の野手としては最長の二七年間もプレーすることができました。

しかし、その称号も一年のみで剝奪《はくだつ》されることとなりました。

原因を作ったのは日本ハムの中嶋聡《さとし》。実績では僕らに到底及びませんが、コーチ兼任選手としてしぶとく生き残り、一四年シーズンで実働二八年目を迎えました。彼とは仲がいいので、「ここ数年、一〇試合にも出場していないのに二八年目とか言ってんじゃねぇよ」とはっきり言わせていただきますが、中嶋にしても僕と同じように同世代の活躍を認めながらも「これだけは負けない」という記録を作りたかったのでしょう。悔しいですが、同じプロ野球選手として彼の記録は認めてあげようと思います。

一般社会においても、どんなに意識して姑息《こそく》な手段を使って相手を陥れようとしても、勝てない要素は絶対にあります。だから、自分にないものを持ち、結果を残した人間は同世代であっても素直に認める。その一方で、「これだけは絶対に負けないよ」という武器を磨き続けるな。そうすれば、自分だって同世代から「あいつはすごいな」と認めてもらえるはずなのです。

前職に未練を残さない

部長職まで上り詰めたけど定年を迎え、再雇用され、嘱託《しょくたく》社員に格下げになる。ようやく管理職になったものの、数年後に社内事情で系列会社に出向させられる。

身を粉《こ》にして仕事に打ち込んできたにもかかわらずポストを剝奪されるのは辛いことです。気持ちを切り替えようにも時間はかかるでしょうし、もしかしたらいつまでたっても前職への未練を断ち切れないかもしれません。

それでも、今置かれた場所で花を咲かせるしかないのです。

このような経験をされたサラリーマンの気持ちが痛いほど分かります。なぜなら、プロ野球選手というのは、いつまでたっても野球にしがみついているからです。

一三年、「プロ野球OBでも研修を受ければ学生野球の指導者になれる」という新たな制度が誕生しましたが、資格を得たリストを見ると年齢問わず二〇〇人を超える方たちの名前がありました。

「指導者になりたい。野球で恩返しをしたい」。強い思いと高い目的意識には敬意を表しますが、その反面、「どこまで行ってもプロ野球選手は『野球バカ』なんだな」と感じてしまいました。

現役を引退したら、まず、「野球バカ」の意識を捨てる必要があります。

野球に従事しようという想いがあるのは結構。でも、実際の引退後は野球の仕事ばかりではありません。知名度のある選手であればタレントとしての仕事も増えてくるでしょう。僕自身がそうです。解説者や講演の仕事以外にバラエティ番組にも呼んでいただけることもあることから、野球に興味のない人は、僕を「タレントの山﨑」と思っているかもしれません。

ユニフォームを着ていれば、「この人はプロ野球選手なんだ」と認識してもらえますが、肩書とは衣の上で成り立つようなもの。どんなに大きな企業の社長であっても、その方の顔と名前を知らない人からすれば「ただのおじさん」であるのと同じように、僕も現役を引退した今となっては、一般的には「ただの四五歳」なのです。

自分にとって野球はかけがえのない存在であり、一生、関わり続けたい仕事でもあります。

しかし、それだけでは家族を養っていくことはできない。だからこそ、僕はタレント業にも精を出すし、どんなに周りから揶揄《やゆ》されようともレーサーにだって挑戦したいと思う。

現役時代がそうだったように、これからも与えられた仕事に全力で取り組む。「どんな世界でも極めてやろう」と前向きになれば、何歳になっても楽しい人生を送れるはずなのです。

裁量に委ねられるのは「不自由」

年齢を重ねれば重ねるほど先輩や上司から指示されることは少なくなります。それは、多かれ少なかれ実績を残し、組織の業績に貢献したからにほかなりません。

ただ、それを「俺は偉くなったから」と勘違いしてはいけません。目上の人間から何も言われなくなるということは仕事を一任されることにも繋がりますが、それと同じくらい責任を負う立場になった、ということ。もし、業務上で大きな過失を犯してしまったら、クビや左遷、減俸といった憂き目に遭う可能性があることを自覚して仕事に打ち込まなければなりません。

僕もそうでした。正確にいえば楽天に入団してからになりますが、古巣の中日で迎えた最後の二年間は特にそのことを痛感しながらプレーしていました。

他の選手から見たら練習量などは明らかに少ない。でも、若い選手よりも何十倍も考えて日々を過ごしていました。それは、これまで述べてきたように基礎中の基礎を学ぶことや頭を鍛えること、バッティングを仔細に分析しながら課題に取り組むといったこともそうですが、一番は「自由を与えられる意味」を意識していたことです。

一二年シーズン。僕は夏場に二軍に落とされました。高木守道監督は、二軍の監督やコーチに僕についてこのように言っていたそうです。

「武司の好きなようにやらせてやってくれ。二軍にいて気持ちが切れるようなら『現役を諦めているんだな』と感じ取ればいいし、頑張る意欲が見られるようならサポートしてあげてほしい」

直接、高木監督からそう言われていたわけではありませんが、僕自身、二軍に落とされた意味はしっかりと理解していました。

プロ二六年目の四三歳。ふてくされるのは簡単ですが、「自分を雇ってくれた球団、首脳陣に恩返しをするためには、もう一度、一軍に上がって優勝に貢献しなければならない」。そう決意を固め、若手たちと同じメニューを淡々とこなしたのです。

八月に一軍昇格を果たしたものの、二二日の阪神タイガース戦で左手薬指を骨折。チームのために最初こそ「突き指」と言い通していましたが、「九月に優勝争いの大一番がやってくる」と睨《にら》んで骨折であることをチームに話し治療に専念しました。二週間ほどで戦列に復帰。先に述べたようにクライマックスシリーズでは無様な姿を披露してしまいましたが、自分なりに選手の意地を見せられたと思っています。

一三年のキャンプでも同じでした。自分では二軍スタートだと思っていたのが一軍スタート。「俺は戦力としてチームの構想に入っている」。無論、やる気が漲《みなぎ》りました。

だからといって、ベテランらしい調整など全くしませんでした。気持ちを切らさないために自分の行動に制約を設けることは前年に学んでいる。この年も、同じモチベーションを維持するために、キャンプではチームの全体メニューの全てをこなしました。

ある程度の肩書や責任のある仕事を任されている立場の人間には自由を与えられる。でも実際は不自由なのです。自分自身に課した制約のなかで、どれだけ緊張感を持って仕事に打ち込めるか？　その精神が重要なのです。

理想と現実の溝を克服する

二軍生活が長い選手や一軍の控え選手。はたまた、現役を引退されたプロ野球ＯＢや知人は晩年の僕にこんなことをよく言っていました。

「一軍でプレーできているだけで幸せ」

とんでもない。手前味噌な表現になってしまいますが、僕はプロ野球選手のなかではそれなりの実績を挙げてきたと自負しています。そんな自分が四〇歳を過ぎた大ベテランとはいえ控えに甘んじている現状に納得できるわけがありません。

アスリートとは不思議な生き物で、体力やパフォーマンスが低下しているとしても、現役生活が長くなるごとにプライドが高まるというもの。「俺はまだまだ終わっていない」。その自尊心が誰よりもあると、信じて疑わなくなるのです。

しかしながら、控えという現実は変わらない。これがまた、ベテランにとって厳しすぎる修行でもあるのです。

楽天一年目の〇五年に田尾監督から、「お前は代打だ」と衝撃の配置を与えられた際には、「だったら代打を極めてやろう」と気持ちを切り替えることができましたが、一二年は代打を前向きに捉えるのに苦労しました。

開幕早々にインフルエンザでダウンし、復帰後も調子が上がらずスタメンを外された僕は、代打としての生活を余儀なくされました。プロ野球では僕と同じく一三年シーズン限りでユニフォームを脱いだ阪神の桧山《ひやま》進次郎や広島東洋カープの前田智徳《とものり》など、晩年は代打として チームの勝利に貢献してきたベテランは数多くいます。彼らも最初は代打稼業の難しさ、奥深さを痛感していたでしょうが、何年も同じ役割を与えられるうちにそれらを克服し、「代打の神様」と崇《あが》められるまでの結果を残した。

ですが、僕の場合は違います。楽天でのたった一年、正確には三ヵ月足らずの代打稼業で仕事をマスターできるはずもない。基本的にはスタメンで試合に出場し、四打席のうち最低でも一打席は結果を残す。そのような習慣に慣れていました。

レギュラーであれば一試合四打席で三回は失敗できる。しかし代打は、ヒットやホームランはもちろん、犠牲フライや進塁打……試合の度に一〇割に近い結果を残さなければ生き残っていけません。

「晩年の代打は修行だぞ」

僕と同じような境遇を味わった先輩たちは、皆そう言います。「この一打席で結果を残さないと」。そう思えば思うほど自分の肩に重圧がのしかかる。打てなければガックリ。そんな日が二、三日も続くと完全に気分が滅入ってしまいます。

「もう、二軍に落としてくれよ。俺を楽にさせてくれよ……」

心の中でそんな弱音を吐くことなど日常的なことでした。大ベテランになってもチャンスを与えてもらえるだけで幸せなことなのは重々承知している。でも、本当に辛い。修行以外の何ものでもありませんでした。

そんな自分の精神を繋ぎとめていたもの。それはやはり、「自分はもっと高いレベルで野球がしたい」という渇望でした。

レギュラーとして輝きを放っていた自負はあるし、これからもそれを継続させるだけの自信がある。簡単に言えば、「山﨑武司はどこまでもカッコいい男でありたい」と自分に言い聞かせ続けたのです。

引き際を決断する時

二〇一一年一〇月、楽天から野球人生二度目となる戦力外通告を言い渡された直後、恩師である野村さんに電話をした僕はありがたい言葉をいただきました。

「お前は二五年やってきた実績があるんだから、辞める、辞めないの決断は自分でしなさい。野球を続けられると思うんだったら、どこまでも続ければいいじゃないか」

この瞬間、僕は「自分で引退を宣言できる権利」をいただいたようなものでした。

「山﨑武司としてカッコよく終わりたい」と思っている自分にとって、戦力外というカッコ悪い形で引退を決断するのだけは避けたい——。

「とことんもがいてみよう。それでダメなら引退だ」

二〇一二年の修行は、代打成績三一打数七安打、打率二割二分六厘といった数字からも分かるように完遂することができませんでした。だから一三年は、「本当に今年が勝負だ」と不退転の決意で臨んだ一年でした。

開幕一軍スタート。ところが、直後に二軍落ち。僕は心に決めました。

「次に一軍に上がって、もう一度、二軍に落とされるようならけじめをつけよう」

五月のセ・パ交流戦が始まった頃に一軍昇格を果たし、一七日の楽天戦ではサヨナラ安打を放ち少なからず古巣に恩返しをすることができた。その後も、数字には結びつかなかったかもしれませんが調子は悪くなかった。しかし……。

七月二六日の巨人戦が終了するとコーチに呼び出され、二軍行きを告げられたのです。

正直、納得できませんでした。チーム事情を冷静に見ても自分以上の右の代打がいるとは思えない。何より自分自身、もがき切れていない。そこで僕は、一選手の越権行為だと知りながら高木監督に二軍行きの理由を尋ねたのです。

「野手の構成上、お前を二軍に落とすことになった」

監督はあくまでも事務的に理由を告げました。

「ああ、ダメか……終わったな……」

その瞬間、僕の心は、はっきりと音を立てて折れました。進退を賭けた一年。引き際を明確に定めての二軍落ち。自分の考えを二転、三転させるような優柔不断な性質を何よりも嫌う僕は、腹を決めました。

「これ以上、自分のわがままで現役を続けるわけにはいかないな。責任をとろう」

本音を言えば、今でも現役としてプレーできる自信があります。しかし、チームがそれを求めておらず、何よりもがく場所を与えられない自分が残ってしまっては組織に迷惑をかけてしまう。

非常に無念ではあります。しかし、自分で引き際を決めた以上、けじめはしっかりつけなければならない。山﨑武司は、最後まで山﨑武司を貫きました。

「努力は嘘をつく」

楽をしてお金を稼ぎたい。誰でもそう思ったことは一度や二度ではないでしょう。

しかし、楽をして大金を稼ぐことなど不可能に近い。皆、それを理解しているからこそ仕事をする。本音を言えば、「なんでここまでやらなければならないのだろう」と心の中で大いに愚痴ろうとも、多かれ少なかれ努力する。

では、その努力が報われる日が来るのか？　確かに、成功した人間のほとんどが努力を惜しまなかったことでしょう。しかし、現実社会では努力をしても結果に結びつかない人間のほうが多いのです。

つまり、努力は嘘をつく。

成功するための努力だと励めば励むほど、そうならなかった現実を目の当たりにした際の喪失感は尋常ではありません。無気力になり仕事をする気も起きなくなってしまう。

だから、僕は言いたい。「努力の方向性を変えてみてはいかがでしょう」と。

プロ野球の世界は、言ってしまえば野球エリートの集まりです。多くの選手がアマチュア時代から努力を重ねてきたからこそプロ野球選手になることができた。

トップレベルの選手が集まるプロでは努力をして当たり前。裏を返せば、努力など成功の要因でもなんでもないわけです。

努力とは、時として一種の麻薬になりがちです。

「練習しないと不安だ」「長い時間、練習をしたから大丈夫だ」。努力を重ねることで不安な気持ちを静めてくれる。しかし、それで結果が伴わなければ、「あれだけやったのになんでだ」と疑心暗鬼に陥り、「コーチが自分を使ってくれないから」などと人のせいにするようになる。最悪のケースは自暴自棄となり努力をしなくなる。あるいは無理に体を動かして故障して再起不能になってしまうことです。

だから、努力に対する認識を改める。ただ、ひたすら自分の体をいじめるのではなく、その時々で足りない要素と向き合い、徹底して改善に努める。成功するためであることはもちろんですが、それ以前に自分自身を成長させるため。個人が成熟していけば組織の運営にも大きく役立つ。そしていつしか、自分の評価は高まり成功へと結びつくかもしれない。

「努力」は麻薬であると同時に重荷でもあります。努力は嘘をつきますから、そのような曖《あい》昧《まい》な言葉に惑わされることなく、今、自分がやるべきことを継続していくだけでいいのです。

仕事は究められないもの

「今年、結果を出せなかったら球団がそうしなくても俺が辞めさせますからね」

一四年初頭、僕は失礼を承知で山本昌さんにそう告げました。

山本さんは一三年シーズン終了時点で通算二一八勝を挙げた大投手。現役生活も自身のプロ野球史上最長記録を更新する三一年目を迎えるなど、未だ衰えない「中年の星」です。

球団は「五〇歳まで投げろ」と言ってくれているそうで、山本さん自身、そのつもりで休まずトレーニングを続けています。しかし、僕は山本さんのすごさを間近で見てきたひとりとしてこう思うのです。

「山本さんクラスの選手が現役にしがみついていちゃだめだ」

年齢も一四年の八月には四十九歳。自分では「先発として投げられる」と自信を持っていても一〇勝できるかといったら非常に困難です。とはいえ、五、六勝であれば十分に達成できる力はあります。裏を返せば、それだけ勝つことができなければ、本当の意味でチームから戦力とは認めてもらえないわけです。

「もし、一、二勝しかできなかったら辞めたほうがいいですよ。もう、十分に記録を作ったからいいじゃないですか」

「分かったよ。俺だってそのつもりでやっているよ」

山本さん自身、この一、二年、球団に「引退します」と伝えては慰留されているそうです。もちろん、五勝以上できるだけのパフォーマンスを続けられるならどこまでも現役でいてほしい。でも、引き際もまた重要。どれだけ偉大な記録を作ったとしても、野球選手が百パーセント満足して引退することなどできません。必ず何かしら悔いは残すものです。

野球、ひいては仕事とは絶対に究められないもの。

僕は通算一八三四安打、四〇三ホームランを記録しましたが、そのうち一三一五安打、二九一ホームランは三〇歳以降に残したもの。「一八歳からの一二年間、お前はいったい何をやっていたんだ？」と突っ込まれれば何も言い訳できませんが、それを悔やんだところで後の祭り。かえって、「現役二七年間のうち一五年間でこれだけの数字を残せたんだから立派なもんだ」と自分で自分を褒めたいくらいです。

プロ野球選手の晩年は、「大きな怪我をせず、できるだけ無難に過ごしたい」と思う選手もいるでしょう。サラリーマンにおいても、五〇歳になり「あと一〇年か」と今後を考えた際に、「伸《の》るか反《そ》るかの大勝負に出るか」「挑戦をせずに細々と過ごすのか」と迷う人もいるかもしれませんが、僕はどちらでもいいと思います。

仮に後者を選んだとして、「お前は小さい人間だな。地味な一〇年間を過ごして楽しいか？」。もし、そう言って笑う人がいるとすれば、その人間の器のほうが小さい。地味でもいいではありませんか。ハイリスク、ハイリターンの大博打《ばくち》よりは堅実であることは間違いありません。

楽天を戦力外となっても引退をせずに中日でプレーすることを望んだ僕は博打をした身かもしれませんが、いずれにせよ、晩年を迎えた人間というのは「できるだけ後悔は少なくしたい」と思うもの。「仕事とは究められないもの」と悟ることができれば、それなりの道は開けてくるものです。

おわりに

高校の後輩であるイチローは、野球少年たちにこんな体験談を伝えているそうです。

「みなさんは僕の成功した結果しか見ていないかもしれませんが、僕の支えになっているのは失敗した経験です」

日米通算四〇〇〇本安打を記録したスーパースターですら、二二年のプロ野球生活で約一万三〇〇〇回打席に立ち、その六割の八〇〇〇打席以上も失敗しています。

僕自身、二七年間で五三一四打席も凡打しました。二〇〇〇本安打を達成できずに引退した。それでも、プロ野球で一八人しか記録していない四〇〇ホームランを達成し、多少なりとも周囲から評価されるような選手となれた。

だからこそ、一般社会で働くみなさんにも失敗を恐れず様々な仕事にチャレンジしてほしい。

最近、年齢を問わず職を転々とする方が増えていると聞きます。理由はそれぞれあるかもしれませんが、もし、仕事での失敗が原因で会社を辞めようとしているのであれば、一度、心を落ち着かせて踏みとどまってみてはどうでしょうか？

誰だって失敗することは怖いし、したいと思ってしているわけではありません。ですが、ミスをスキルアップのいいきっかけと捉えられれば恐れることなく真正面からぶち当たることができると思うのです。「自分はダメなやつだなぁ……」。何がダメなのか？　準備不足なのか、人への伝え方が悪かったのか？　それらの原因を究明していくことで、「次から同じ失敗はしないように」と心掛けることができる。

「山﨑は一般企業に勤めたことがないから好き勝手なことが言えるんだ」

確かにそうでしょう。僕は、プロ野球という極めて狭い、特殊な世界でしか仕事をしたことがありません。

ただ、仕事でミスをすれば組織のみならずファンからも容赦なく叱責される。街を歩いていても「おい山﨑、遊んでいる暇があったら練習しろ！」と何度、罵倒《ばとう》されたことか。僕だって、そういった厳しい環境で二七年も生きてきたのです。だから、本書のなかでひとつだけでもいい。僕の想いを理解してくれれば嬉しく思います。

そんな自分も、これからは野球以外の仕事で生計を立てていかなければなりません。天職である野球選手ではなくなった今、はっきり言って魅力的な仕事に巡り合う確率はそう高くはないでしょう。しかし、これからの人生は様々な仕事にチャレンジしていきたい。野球関係はもちろん、趣味である自動車関連の仕事から、需要があればグルメリポートでも旅番組のナビゲーターなどにも挑戦していきたい。

それらの仕事をしていく過程で驚くほどミスをするでしょう。四〇代半ばのいい大人が二〇代や三〇代の人から怒鳴られることだってあるかもしれない。ですが、僕にはそのような試練を受け入れる準備ができています。プロ野球選手時代、五〇〇〇回以上も失敗してきた自分にとって乗り越えられない壁などない。そう信じているからです。

給料を稼ぐ。ご飯を食べる。家族を養っていく。これほど難しいことはありません。ですが、「そのために、俺は苦手な仕事でも頑張るんだ」と自分に言い聞かせていけば、いつしか仕事そのものが楽しくなるはずです。

僕はプロ野球選手という仕事を「楽しい」と感じたことは一度もありませんでしたが、これからは、より多くの仕事を楽しんでこなせるよう精進します。ですから、厳しい社会で必死に働くみなさんも、「山﨑ができるなら俺でもできるかな」くらいの軽い気持ちで、日々を楽しく過ごしてください。

山﨑武司

山﨑武司

元プロ野球選手。野球評論家。

1968年、愛知県生まれ。プロ通算403本塁打のスラッガー。中日、オリックス、楽天、再び中日と渡り歩き、現役生活27年。若き日に中日で本塁打王を獲得するが、オリックスに移籍後、首脳陣と軋轢があり、戦力外通告を受けるも、楽天で野村克也監督(当時)と出会い、40歳を前にして開花。38歳で史上3人目の両リーグでの本塁打王、41歳シーズンで史上最年長の100打点を達成。2013年に引退後はモータースポーツ選手への転身を表明。あくなきチャレンジ精神を見せる。また、野球解説者として活躍し、多くの講演も行う。

著書には『野村監督に教わったこと』(講談社)などがある。

講談社+α新書 659-1 B

40代《だい》からの 退化《たいか》させない肉体《にくたい》 進化《しんか》する精神《せいしん》

山﨑武司《やまさきたけし》

2014年4月21日第1刷発行

発行者———— 鈴木 哲
発行所 株式会社 講談社
東京都文京区音羽2-12-21 〒112-8001
電話 出版部(03)5395-3532
販売部(03)5395-5817
業務部(03)5395-3615
デザイン———— 鈴木成一デザイン室
カバー印刷———— 共同印刷株式会社
印刷———— 慶昌堂印刷株式会社
製本———— 牧製本印刷株式会社

ISBN978-4-06-272851-5

講談社+α新書

「声だけ」で印象は10倍変えられる　高牧康
気鋭のヴォイス・ティーチャーが「人間オンチ」を矯正し、自信豊かに見た目をよくする法を伝授
840円 650-1 B

高血圧はほっとくのが一番　松本光正
国民病「高血圧症」は虚構!!　患者数5500万人の大ウソを暴き、正しい対策を説く！
840円 651-1 B

毒蝮流！　ことばで介護　毒蝮三太夫
「おいババア、生きてるか」毒舌を吐きながらも喜ばれる、マムシ流高齢者との触れ合い術
840円 655-1 A

40代からの　退化させない肉体　進化する精神　山﨑武司
努力したから必ず成功するわけではない――高齢スラッガーがはじめて明かす心と体と思考！
840円 659-1 B